VLM

Udo Schray (Hrsg.)

Bibel * Raten * Spaß

Rätsel und Quizaufgaben

VLM

Verlag der
Liebenzeller Mission
Lahr

Die Deutsche Bibliothek – CIP-Einheitsaufnahme

Bibel – Raten – Spaß : Rätsel und Quizaufgaben / Udo Schray (Hrsg.). – Lahr : Verl. der Liebenzeller Mission, 1993
(Edition C : C ; 366 : Paperback)
ISBN 3-88002-509-6
NE: Schray, Udo [Hrsg.]; Edition C / C

ISBN 3-88002-509-6

Edition C-Paperback 58 066 (C 366)

Umschlaggestaltung: Graphisches Atelier Arnold, Dettingen/Erms
Zeichnungen: Gerhard Stamm
Herstellung: St.-Johannis-Druckerei, 7630 Lahr/Schwarzwald
Printed in Germany 11095/1993

Inhalt

Vorwort

Wer blickt durch? – Wo durch? – Bei den biblischen Rätseln in diesem Buch!

Es enthält die unterschiedlichsten Rätselformen: Gitternetze, Zahlenkreuzworträtsel, Labyrinthe, Codes, Steckbriefe und manches andere mehr.

Die Rätsel behandeln die verschiedensten Themen: Es geht z.B. um Personen und Orte und um Aussprüche und Erlebnisse von Männern und Frauen der Bibel.

Also ein vielseitiges Buch, in dem jeder etwas findet, was ihm Spaß macht. Das gilt nicht nur für junge „Rätsler“, die ihr Bibelwissen testen wollen, auch alte Ratefüchse kommen auf ihre Kosten und haben, fürchte ich, manche harte Nuß zu knacken.

Darüber hinaus ist das Buch für jeden Leiter von Jungscharen und Freundeskreisen eine Bereicherung, da er mit Hilfe der Rätsel sowohl die biblische Botschaft vertiefen als auch ab und zu ein Bibelquiz zusammenstellen kann.

„Durchblick“ und Freude beim Raten wünscht

Udo Schray

Teil 1

Der Weg der frohen Botschaft

Knäuel

Entwirre das Knäuel. Fange mit der unterstrichenen Silbe an und verfolge den Faden bis ans Ende. Auf der nächsten Seite kannst du die enträtselte Bibelstelle eintragen.

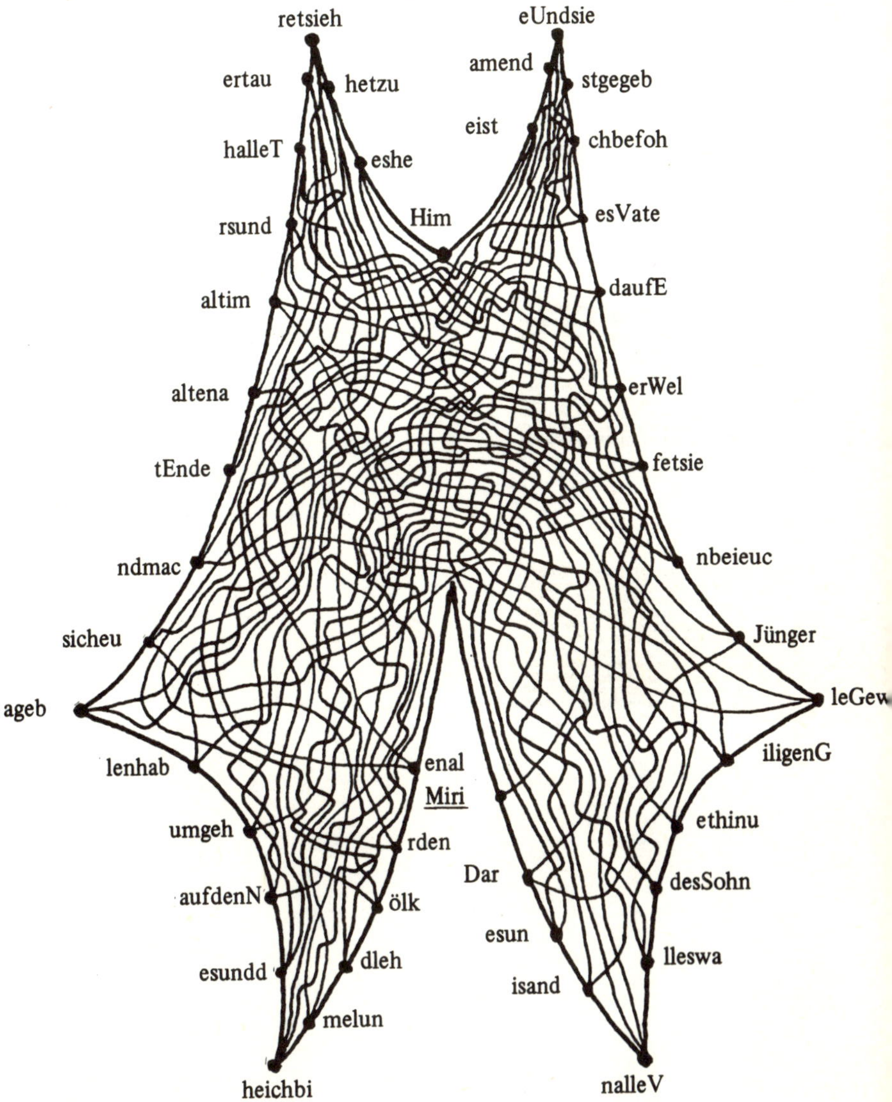

––– ––– ––––––– –––– –––––– –– –––––– ––– –––

–––––. ––––– ––––– ––– ––– –––––– –– –––––––

–––– ––––––: –––––– ––– ––– ––– ––––– –––

–––––– ––– ––– –––––– ––– ––– ––––––––

––––––– ––– –––––– ––– –––––– –––––, ––– –––

–––– –––––––– ––––. ––– –––––, ––– ––– ––– ––––

–––– –––– ––– –– ––– –––– ––––.

Wo steht dieses Bibelwort? ––––––––––––

Die ersten Missionare der Christenheit

Finde heraus, welche Zahl welchem Buchstaben entspricht. (Nicht jeder Buchstabe hat eine Zahl als Entsprechung.)

Lösungshilfe: 12 5 33 25 1
J U D A S

					2													
					31						1							
		20			4						18							
		25	17	33	7	31	25	1			6							
		7			5						25			12				
		17			1						1	18	15	29	17			
		25		12				15						22				
		20		25				25		2		4		25				
	15	25	7	8	5	1		4		22		22		17				
		1		29				4		18		29		17				
				20	25	7	4	22	29	6	29	15	25	31	5	1		
				5				25		18		25		1		4		
				1				31		2		1				31		
			2					5		2						2		
		12	25	8	29	20	5	1		5						22		
			5							1			12	5	33	25	1	
			6	5	8	25	1									17		
			5													5		
			1					2	22	18	6	18	2	2	5	1		

A = 25	I =	M =	R =
B =	J = 12	N =	S = 1
D = 33	K =	O =	T =
E =	L =	P =	U = 5
H =			

Die ersten christlichen Gemeinden

Trage folgende Landschafts- und Ortsnamen in das Gitternetz ein:

JUDAEA
GALILAEA
SAMARIEN
ANTIOCHIEN
JERUSALEM
DAMASKUS
LYDDA
JOPPE
CAESAREA

Die allererste christliche Gemeinde errätst du, wenn du die gekennzeichneten Buchstaben richtig ordnest. ______________________

Mitarbeiter des Apostels Paulus

Im abgebildeten Buchstabensalat sind die Namen einiger Mitarbeiter des Apostels Paulus versteckt. (Senkrecht, waagrecht und diagonal.) Versuche sie zu entdecken.

A	L	P	E	R	S	O	X	D	E	M	A	S	I	L
K	R	F	T	W	K	R	S	U	P	E	R	I	L	A
T	Z	J	O	A	R	I	S	T	A	R	C	H	U	S
L	E	A	X	T	L	V	Y	U	P	M	U	T	I	G
U	R	S	P	V	R	C	I	N	H	G	O	L	D	E
C	E	O	A	R	H	T	B	E	R	U	A	S	W	B
I	N	N	D	I	E	I	R	I	A	S	A	L	A	T
U	U	S	K	L	E	M	E	N	S	U	F	A	I	F
S	A	U	L	U	S	O	A	S	E	N	L	T	D	D
C	S	R	H	A	T	T	E	R	R	A	U	R	B	S
L	O	B	S	A	C	H	T	I	K	S	K	O	A	R
M	A	A	T	P	Q	E	V	E	S	U	A	A	R	E
S	A	N	D	R	E	U	I	G	R	A	S	E	N	D
L	O	B	O	I	C	S	I	L	I	T	I	T	A	N
M	U	N	D	S	Q	U	A	L	S	H	I	I	B	R
K	R	E	C	K	C	L	E	O	A	T	R	U	A	S
Z	U	E	P	A	P	H	R	O	D	I	T	U	S	M

Ein Tip: Es sind 19. Wenn du weniger hast, ist dir jemand durch die Lappen gegangen.

Politiker der neutestamentlichen Zeit

Wenn du die Buchstaben der einzelnen Gesichter richtig zusammensetzt, erhältst du den Namen eines Politikers.

Personen der jungen Christenheit

1. Von Beruf bin ich Gerber.
   Ich wohne in Joppe.
   Bevor Petrus zum Hauptmann Kornelius gerufen wurde, wohnte er bei mir.
   (Apg. 10, 5ff)

   ____

2. Wir sind ein Ehepaar und gehören zur Gemeinde in Jerusalem.
   Ein Betrug wurde uns zum Verhängnis.
   Wir wurden von Petrus überführt.
   (Apg. 5, 1ff)

   ____

3. Ich bin Dienstmädchen im Haus der Maria in Jerusalem.
   Dort begegnete ich Petrus.
   Er kam mitten in der Nacht aus dem Gefängnis, und ich ließ ihn vor lauter Freude vor der Tür stehen. (Apg. 12, 13f)

   ____

4. Ich bin einer von denen, die Jesus von seiner Taufe an begleitet haben.
   Ich bekam durch eine Wahl ein wichtiges Amt in der Gemeinde.
   Ich bin der Stellvertreter des Judas Ischariot im Apostelamt.
   (Apg. 1, 15ff)

   ____

5. Ich gehöre zur Gemeinde in Lydda.
   Durch die Gicht war ich acht Jahre lang ans Bett gefesselt.
   Gott gebrauchte Petrus, um mich zu heilen (Apg. 9, 32ff).

   ____

6. Ich bin die Wohltäterin der Gemeinde in Joppe.
   Mein Tod stürzte meine Schutzbefohlenen in tiefe Trauer.
   Jesus Christus erweckte mich durch Petrus wieder zum Leben (Apg. 9, 36ff).

   ____

7. Ein gefährlicher Auftrag Gottes machte mich bekannt. Er schickte mich in Damaskus in die gerade Gasse.
   Dort begegnete ich Saulus.
   (Apg. 9, 10ff)

   ____

1. Missionsreise

Trage in die Karte die Reiseroute ein. Du findest sie, wenn du von oben nach unten durch das nebenan abgebildete Labyrinth gehst.

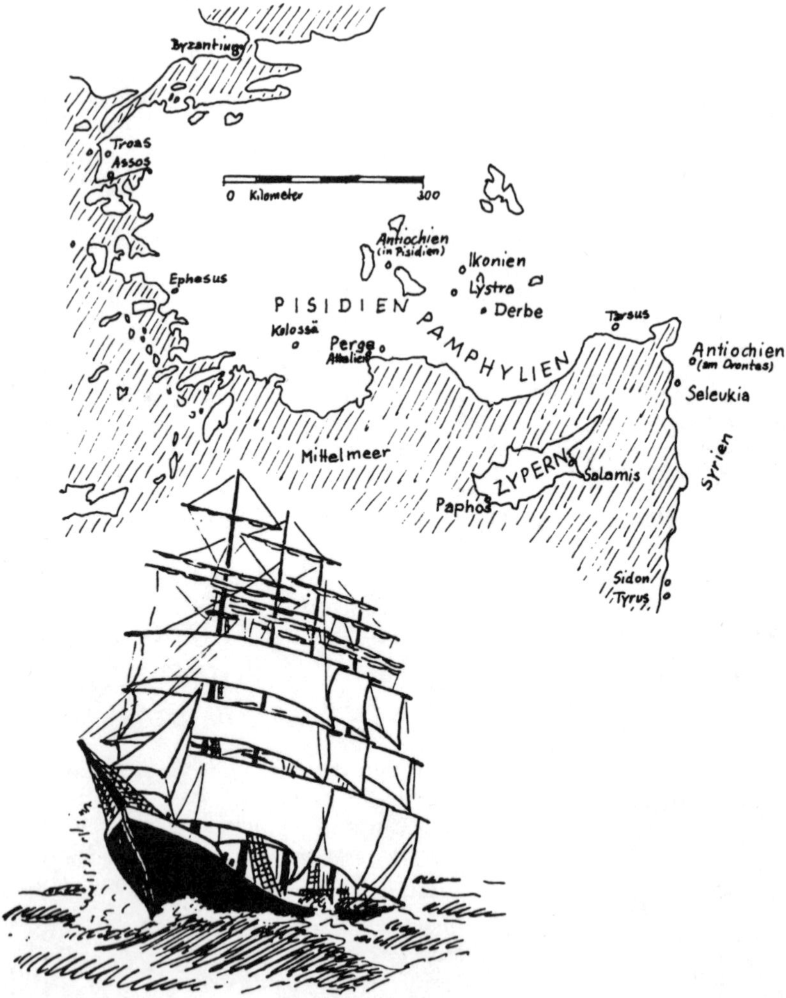

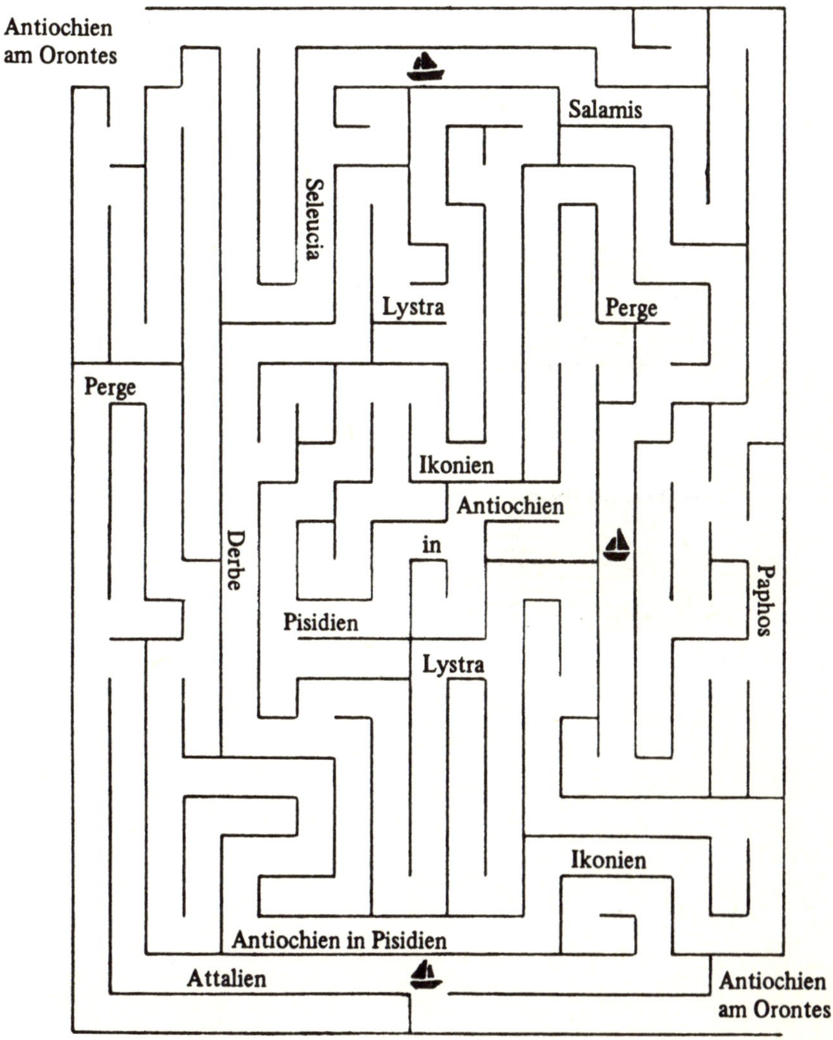
Antiochien
am Orontes
Salamis
Seleucia
Lystra
Perge
Perge
Ikonien
Antiochien
in
Pisidien
Derbe
Paphos
Lystra
Ikonien
Antiochien in Pisidien
Attalien
Antiochien
am Orontes

2. Missionsreise

Auf der Karte unten sind die Namen der Städte und Landschaften gründlich durcheinandergeschüttelt worden. Wenn du die Buchstaben wieder in die richtige Reihenfolge bringst, wirst du bekannte Namen entdecken.

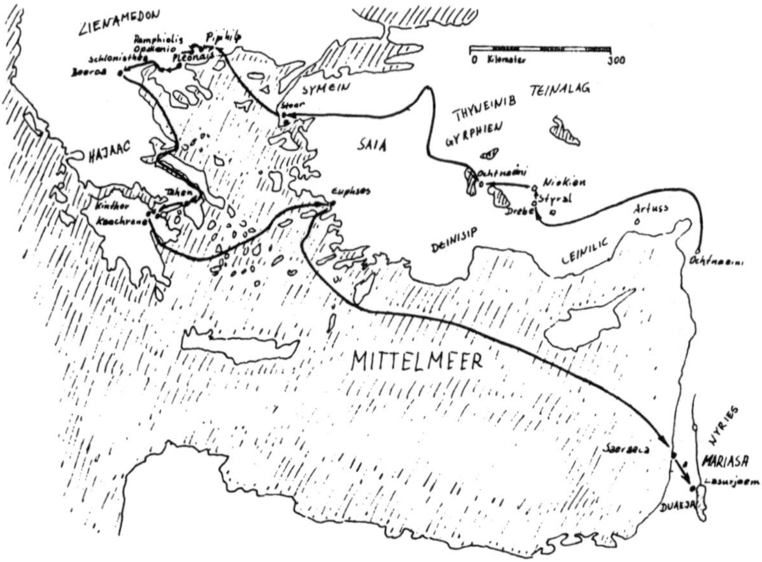

Städte:

OCHTNAEINI = _ _ _ _ _ _ _ _ _ _
DREBE = _ _ _ _ _
STYRAL = _ _ _ _ _ _
STOAR = _ _ _ _ _
PLEONAIS = _ _ _ _ _ _ _ _
PIPIHILP = _ _ _ _ _ _ _ _
PAMPHIOLIS = _ _ _ _ _ _ _ _ _ _
OPALLANIO = _ _ _ _ _ _ _ _ _
SCHLONISTHEA = _ _ _ _ _ _ _ _ _ _ _ _
BEEROA = _ _ _ _ _ _
TAHEN = _ _ _ _ _
KINTHOR = _ _ _ _ _ _ _
KAECHRENE = _ _ _ _ _ _ _ _ _
EUPHSES = _ _ _ _ _ _ _
SAERAECA = _ _ _ _ _ _ _ _
LASURJEEM = _ _ _ _ _ _ _ _ _

Landschaften:

NYRIES = _ _ _ _ _ _
CEINILIC = _ _ _ _ _ _ _ _
DEINISIP = _ _ _ _ _ _ _ _
GYRPHIEN = _ _ _ _ _ _ _ _
TEINALAG = _ _ _ _ _ _ _ _
THYNEINIB = _ _ _ _ _ _ _ _ _
SYMEIN = _ _ _ _ _ _
ZIENAMEDON = _ _ _ _ _ _ _ _ _ _
HAJAAC = _ _ _ _ _ _
SAIA = _ _ _ _
MARIASA = _ _ _ _ _ _ _
DUAEJA = _ _ _ _ _ _

3. Missionsreise

1. Ort, an dem Paulus für gewöhnlich seine Missionsarbeit in jeder Stadt begann (Apg. 19, 8).
2. Gastgeber des Paulus in Cäsarea (Apg. 21, 8).
3. Junger Mann, der während einer Predigt einschlief und zu Tode stürzte (Apg. 20, 9).
4. Goldschmied, der eine Demonstration organisierte (Apg. 19, 24).
5. Ort der Gefangennahme des Paulus (Apg. 21, 11).
6. Europäisches Land, dem ein Abstecher galt (Apg. 20, 2).
7. Ort einer Abschiedsfeier von Gemeindeältesten (Apg. 20, 17).

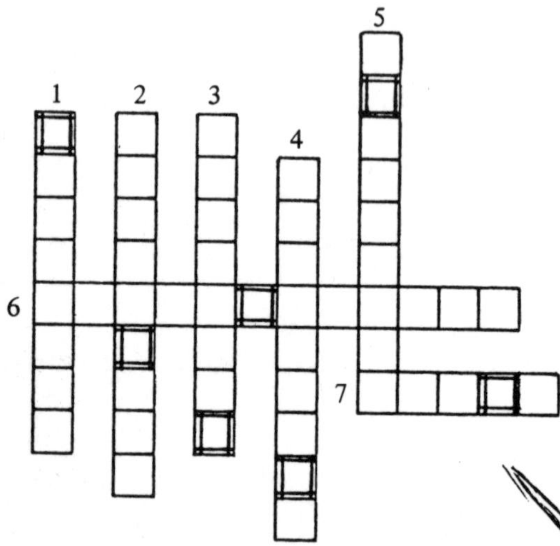

Setze die Buchstaben aus den gekennzeichneten Feldern richtig hintereinander, dann erhältst du den Namen der Stadt, in der Paulus auf der 3. Missionsreise schwerpunktmäßig arbeitete:

_ _ _ _ _ _ _

Romreise

Du siehst auf diesen beiden Seiten sechs Ausschnitte aus der abgebildeten Landkarte. Errate, welche Szenen der Romreise des Paulus dargestellt sind.

3

4

5

6

Knäuel

Entwirre das Knäuel. Fange mit der unterstrichenen Silbe an und verfolge den Faden bis ans Ende. Auf der nächsten Seite kannst du den enträtselten Bibelvers eintragen.

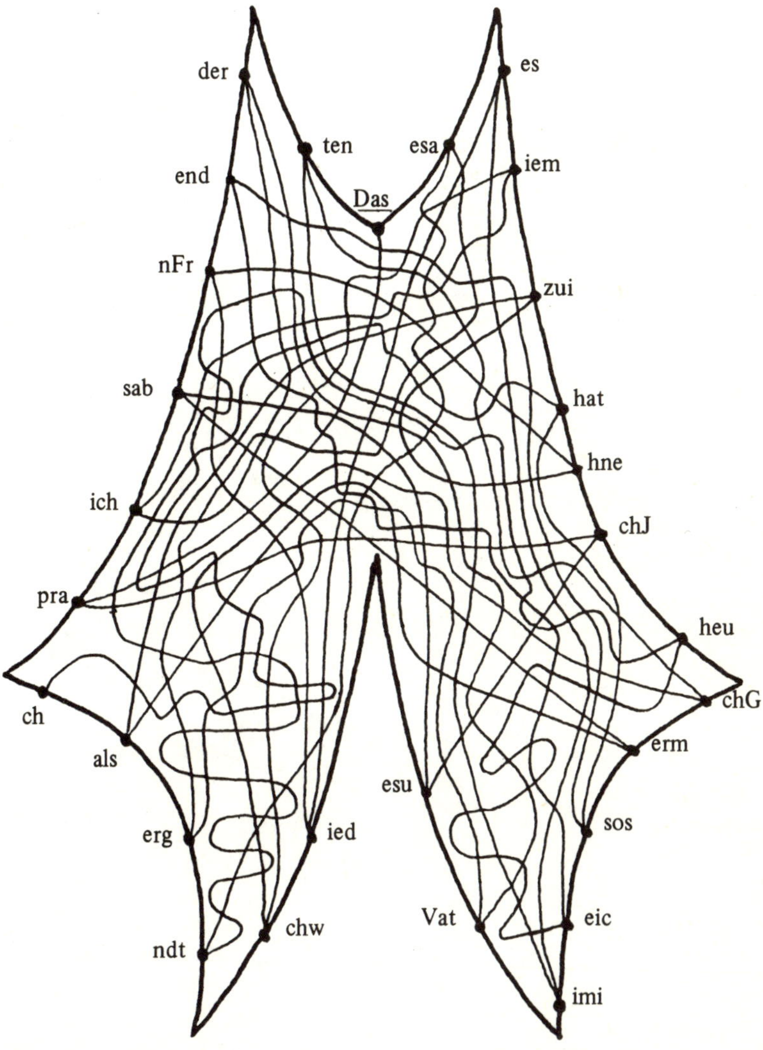

-- ------- ----- --------- -- ------. ------- ---
--- -----! ---------- ----- --- ------ --------
----, -- ------ --- -----.

Wo steht dieses Bibelwort? ______________

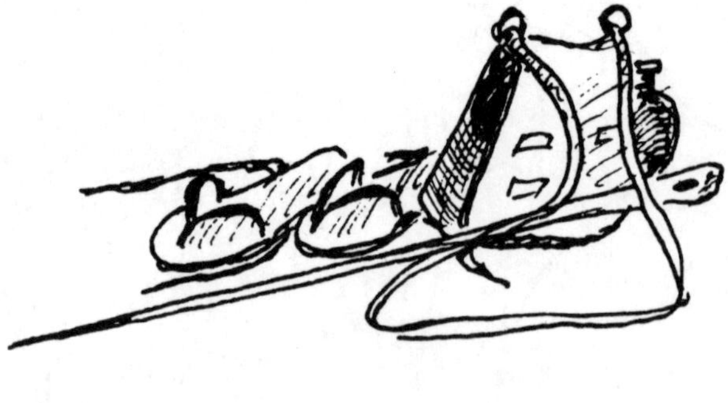

Lebenslauf

Ich bin Auslandsjude. Geboren wurde ich in (1) ______ in der Provinz (2) _________. Meine Eltern sind Juden aus dem Stamm (3) _________. Meine Kindheit verbrachte ich in der Heimat. Nach einer Lehre als (4) __________ kam ich nach (5) __________ zur weiteren Ausbildung. Von meinem Lehrer (6) _________ wurde ich in die Heilige Schrift und ihre Auslegung eingeführt. Infolge meines zielstrebigen Einsatzes für den Glauben konnte ich bald an führender Stelle mitreden.

Im Auftrag des (7) ______________s reiste ich nach (8) _________. Auf dieser Reise hatte ich eine Begegnung mit (9) _____ _________, die mich grundlegend veränderte. Ich trat vom jüdischen zum christlichen Glauben über und zog mich für längere Zeit zurück. Später wurde ich in die Gemeinde von (10) ___________ gerufen. Nach längerer Arbeit wurde ich mit dem Auftrag der (11) _______________ betraut. In diesem Auftrag legte ich bis an mein Lebensende Hunderte von Kilometern zurück. Während meiner ausgedehnten Tätigkeit erlebte ich (12) ____________ _________ ___ ________ __________. Die Anfeindungen der Juden führten schließlich zu meiner (13) ______________. Durch die Verschleppung des Prozesses und die dauernden Intrigen meiner Feinde sah ich mich schließlich zur (14) _________ ___ ___ ______ genötigt. Bald darauf wurde ich nach (15) ___ überführt.

Was dort geschah, verschweigt die Bibel, und so will auch ich schweigen. Aber sicher bin ich schon längst erkannt worden. Mein Name ist

____

1. Ordne folgende römische Landschaften richtig ein und du erhältst die Lösung:
GRIECHENLAND, ASIEN, LYKAONIEN, PONTUS, SIZILIEN, ITALIEN.

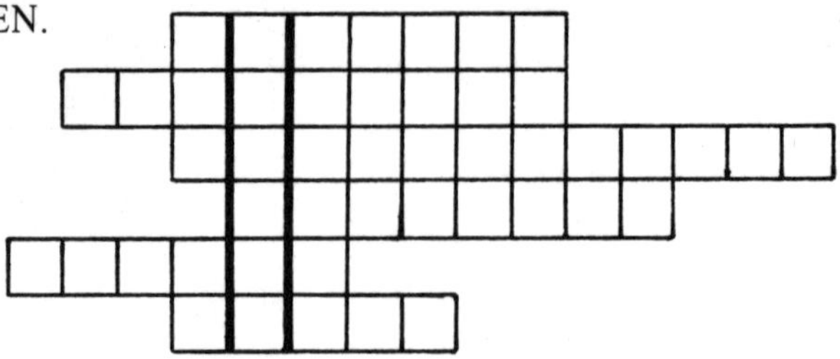

2. Streiche zuerst jeden Buchstaben, der vor einem O steht, danach streiche alle O, dann hast du die Lösung:
COCILOLICOCIENON ________

3. Entwirre die Luftballons, dann findest du die Lösung:

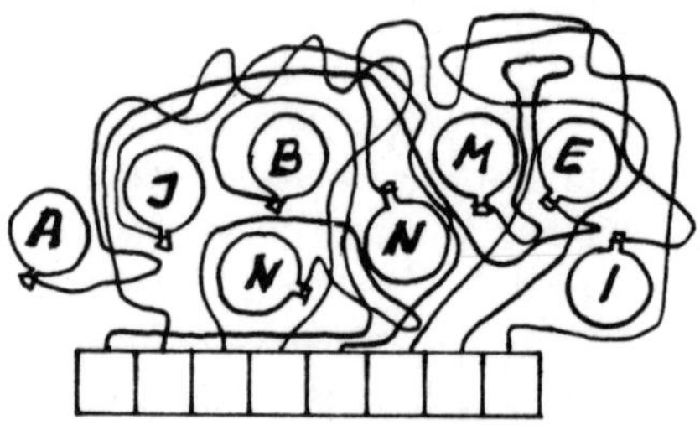

4. Löse folgendes Rätsel:
transportable Behausung
anderes Wort für Gewalt
anderes Wort für Ozean

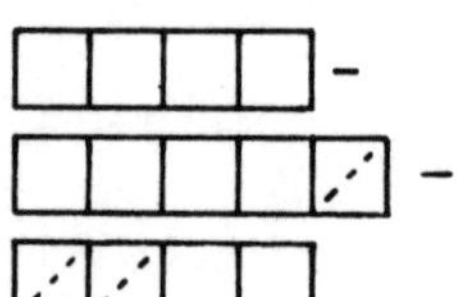

5. Setze Vokale ein und du erhältst den Namen einer Stadt:
JRSLM __________

6. Die Buchstaben dieses Bildes ergeben einen Namen:

____

7. Verfolge die Pfeile:

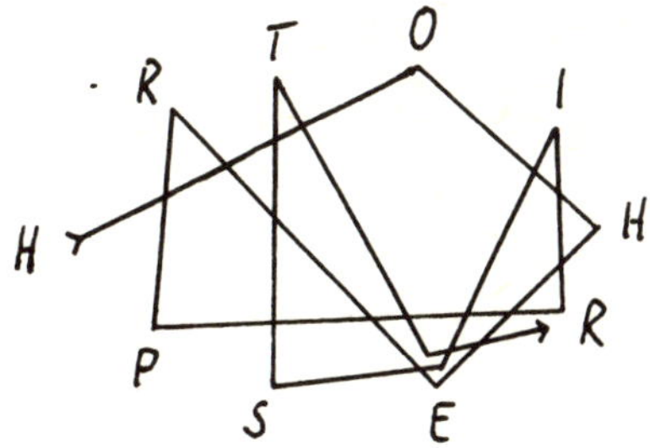

_ _ _ _ _ _ _ _ _ _ _ _ _

8. Streiche alle X:
XXDXAXXXMXXXXAXXSXKXXXXUXXSXXX _ _ _ _ _ _ _ _

9. Knacke den Code:
10 5 19 21 19 3 8 18 9 19 20 21 19

_ _ _ _ _ _ _ _ _ _ _ _ _

A	B	C	D	E	F	G	H	I	J	K	L	M	N	O	P	Q	R	S	T	U
1	2	3	4	5	6	7	8	9	10	11	12	13	14	15	16	17	18	19	20	21

V	W	X	Y	Z
22	23	24	25	26

10. Löse das Bilderrätsel:

_ _ _ _ _ _ _ _ _ _

~~1~~ d=t d=i ~~3~~ ~~1~~ ~~5~~

11. Beantworte die folgenden Fragen und du erhältst 13 Buchstaben. Setze diese Buchstaben von 1 - 13 hintereinander und du hast die Lösung:

a) Bach am Stadtrand von Jerusalem

_ 11 4 _ _ 6

b) Weniger bekannter Name des See Genezareth (Joh. 21, 1)

_ 3 _   _ _ 8 _ 10

c) Gewässer, in das der Jordan mündet

_ 12 _ _ 9   7 _ 2 _

d) See in Galiläa

_ _ 13 _ _ _ _ 5 _ 1

Lösung: _ _ _ _ _ _ _ _ _ _ _ _ _ _

12. Streiche die überflüssigen Buchstaben und du findest verständliche Worte:
KRETFREUNDLICHESTRAMAUFNAHMEZAHSTUNDXOX
YANHEFTIGEOELAABLEHNUNGNEN

13. Löse das Bilderrätsel:

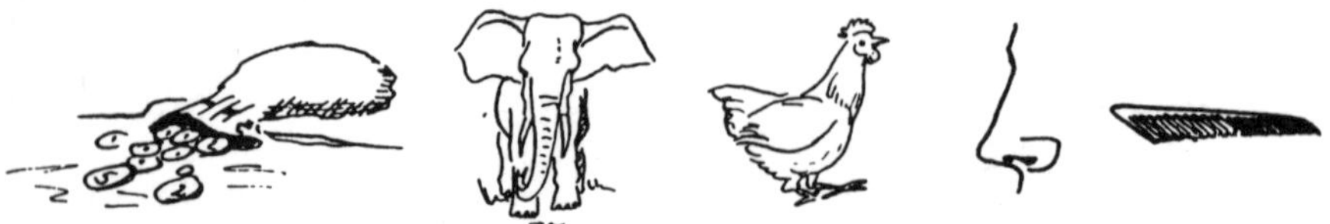

~~3~~ ~~4~~ ~~1~~ ~~2~~ ~~3~~ ~~7~~ h=g ~~5~~ ~~1~~ s=h ~~4~~ ~~1~~ ~~2~~ 4=e

_ _ _ _ _ _ _ _ _ _ _ _ _ _

14. Entwirre das Spinnennetz:

_ _ _ _ _ _ _ _ _

_ _ _ _ _ _

_ _ _ _ _ _

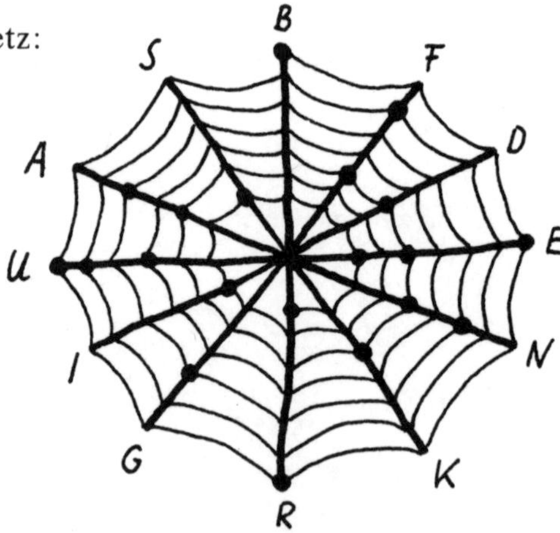

15. Beantworte folgende Fragen und du kannst im umrahmten Feld die Lösung ablesen:

– römischer Hauptmann, der Christ wurde
– eigentlicher Name des Petrus
– Name der Mutter Jesu

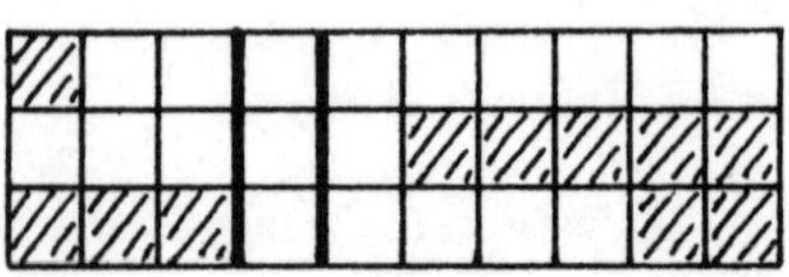

Steckbrief

Zu 1.

In diesem Bild sind sechs Buchstaben versteckt. Suche sie und setze sie zum Namen einer Stadt zusammen.

____

Zu 2. und 3.

Vater: __________

Mutter:

____

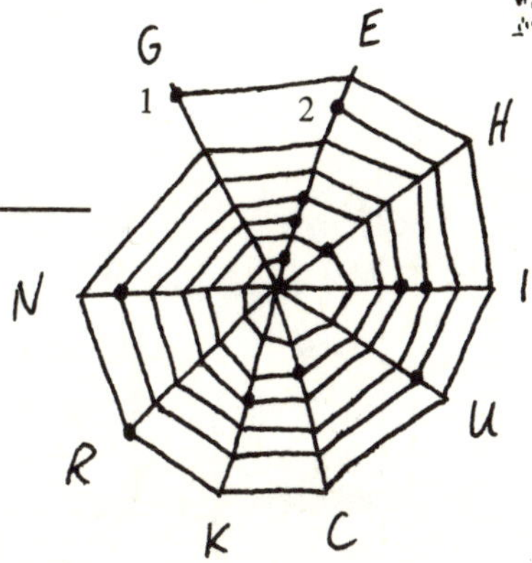

Entwirre das Netz und du findest die gesuchten Angaben.

Zu 4.

Die Lösung findest du im dick umrandeten Feld.

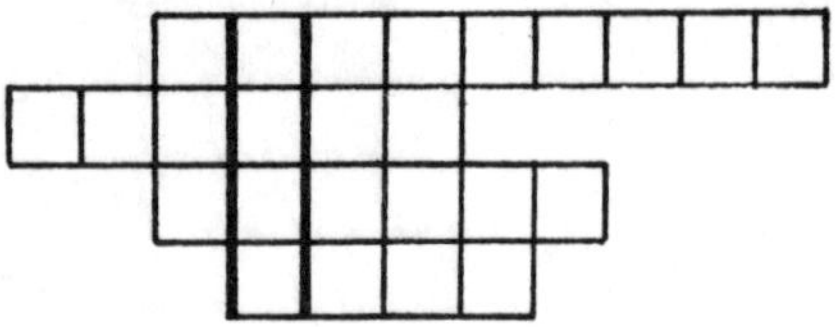

Mutter von Johannes dem Täufer
einzige Richterin Israels
Schwester Moses
Frau Abrahams

Zu 5.

Löse das Bilderrätsel: ______________

2=R 4

1

Zu 6.

Setze die fehlenden Selbstlaute ein: PLS __________

Zu 7.

a) Hafenstadt in Griechenland, durch Sittenlosigkeit im ganzen römischen Reich bekannt.
Paulus schrieb an die dortige Gemeinde zwei Briefe.

b) Große Stadt an der Westküste Kleinasiens. Standort eines weltbekannten Diana- bzw. Artemistempels. Eines der sieben Sendschreiben der Offenbarung ist an die Gemeinde in dieser Stadt gerichtet.

a) _ _ _ _ _ _ _ b) _ _ _ _ _ _ _

Zu 8.

Verfolge die Pfeile:

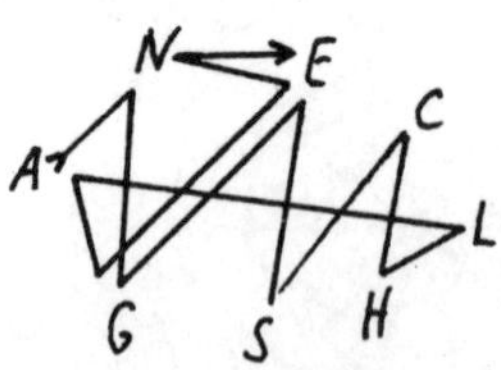

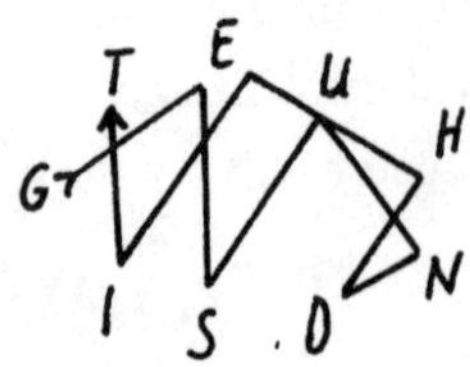

Zu 9.

Enträtsele die Schrift:

Knäuel

Entwirre das Knäuel. Fange mit der unterstrichenen Silbe an und verfolge den Faden bis ans Ende. Auf der nächsten Seite kannst du den enträtselten Bibelvers eintragen.

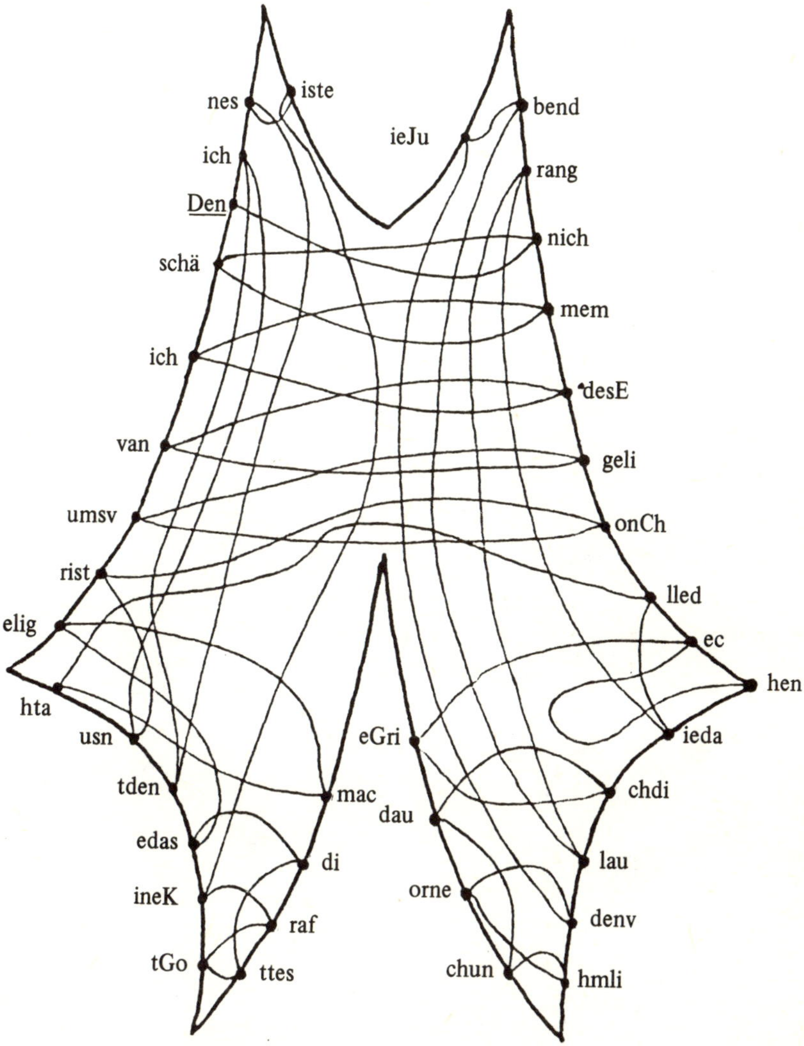

---- --- ------ ---- --- ----------- ---
--------- ------, ---- -- --- ---- ----- ------,
--- -- ----- ------ ----, --- ----- -------,
--- ------ ------------ --- ---- --- --------.

Wo steht dieses Bibelwort? ______________

Evangelium

Evangelium ist ein griechisches W*o*rt und wird so geschrieben:

εὐαγγέλιον

Man kann dieses W*o*rt auf verschiedene Weise ins Deutsche übersetzen. Eine Übersetzungsmöglic*h*keit lautet: „Gute Nachricht“.

D*a*bei meinten die Griechen jedoch nicht irgendeine x-beliebige gute Nachrich*t*.

Sie sprachen nur im Zusammenhang mit

- der Nach*r*icht von der Geburt eines Thron*f*olgers
- einer Siegesmeldung
- der Bena*c*hrichtigung über die Einsetzung in ein Fü*h*rungsamt

von Evangelium.

Wenn im Neuen Testament von Evangelium die Red*e* ist, so geschieht das im Zu*s*ammenhang mit der Person Jesu Christi.

- Die Nachricht von seiner Ge*b*urt ist Evangelium (Luk. 2, 10.11)
- die Botscha*f*t von seinem Sieg über Satan und Sünde ist Evangelium (Joh. 19, 30)
- seine Einsetzung ins Amt des Wel*t*herrschers ist Evangelium (Hebr. 1, 3).

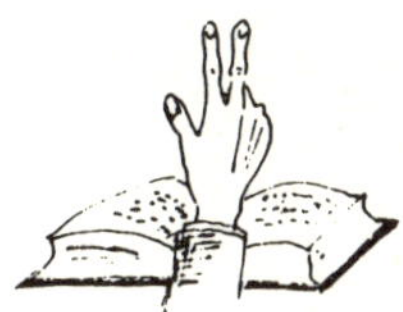

Nach dieser kurzen Darstellung des Begriffs Evangelium ein Hinweis:

In diesem Text sind 14 kursiv gedruckte Buchstaben enthalten. Sie ergeben, in die richtige Reihenfolge gebracht, eine weitere Übersetzungsmöglichkeit von Evangelium:

_ _ _ _ _   _ _ _ _ _ _ _ _ _

Zentralverse

Teil A:

Gesucht ist ein Bibelwort. –
Du findest es auf folgendem Wege:

Beantworte die Fragen und stelle fest, welche Zahl welchem Buchstaben entspricht. Übertrage die gefundenen Buchstaben ins Lösungsfeld.

1. Junges Schaf 1 27 51 17
2. Anderes Wort für Stachel 20 40 6 19
3. Anderes Wort für Mißgunst 10 28 41 21
4. Gegenteil von „gib“ 50 5 59 22
5. Etwas, das man lesen kann 29 44 14 9
6. Name eines bekannten babylonischen Königs 4 52 2 39 33 55 35 49 64 24 47 32
7. Befehlsform von meiden (Mehrzahl) 34 45 63 8 56 25
8. Waffe der Ritter 26 38 54 11 62 16 67
9. Unerklärliches, übernatürliches Geschehen 3 30 48 23 65 15
10. Kleiner See 43 60 61 13 42
11. Sohn Isais 46 31 36 57 12
12. Gegenteil von „komm her“ 18 58 66 7 53 37

Lösung:

41 38 42 2 53 19 23 56 32 11 58 18' 20 5 45 3 27 9 15 7 60 57 67

39 48 8 35 31 26 1 28 29 64 50' 37 61 52 51 55 10 46 33 40 59 34 43

24 30 17 36 47 25 62 6 12 65 4 49 21 44 16 13 54 22 63 14 66

Teil B:

Die folgenden drei Bibelstellen sind verschlüsselt. Zur Lösung brauchst du drei verschiedene Schlüssel. Hier ein paar Hilfen:

1. Schlüssel: Nachdenken und genau hinsehen genügt

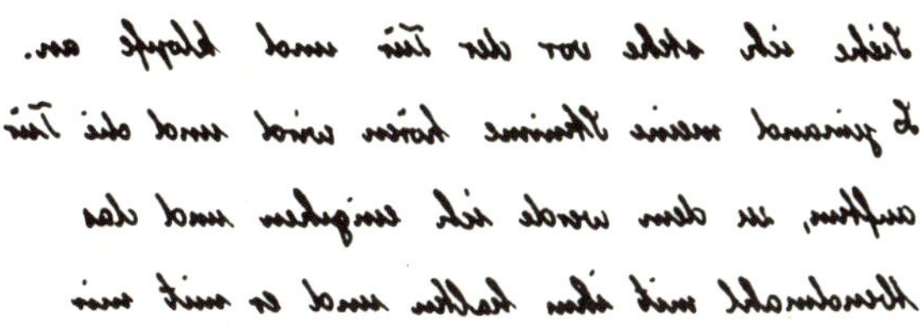

2. Schlüssel: Benutze das Blindenalphabet

A B C D E F G H I J K L M N O P Q R S T U V W X Y Z

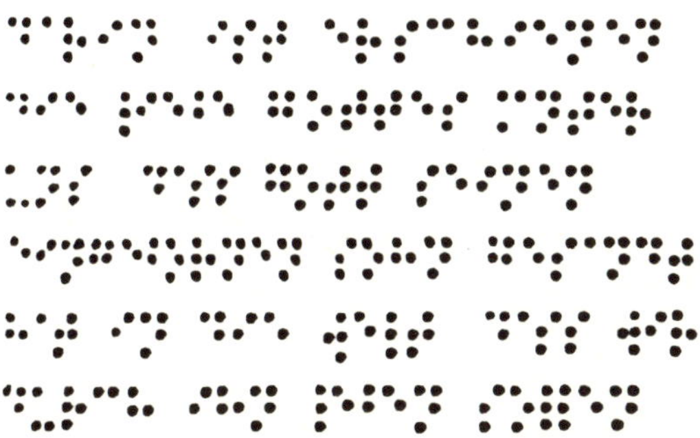

3. Schlüssel Ziehe an der rechten Stelle Striche von links nach rechts

z. B. 

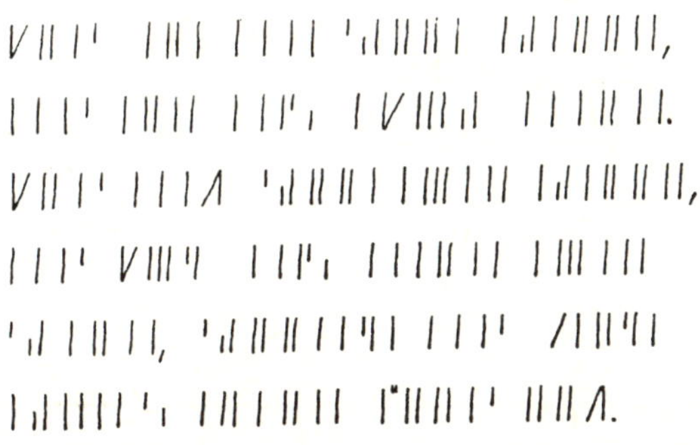

Teil C:

Gesucht ist ein Bibelwort. – Du findest es auf folgende Weise: Beantworte die Fragen und stelle fest, welche Zahl welchem Buchstaben entspricht. Übertrage die gefundenen Buchstaben ins Lösungsfeld.

1. Anderes Wort für Kampf — 64 16 45 103 28 77 46 15
2. Abwehrwaffe der Ritter — 93 14 63 40 87 13
3. Kleines, marderähnliches Raubtier — 47 101 27 78 94 39
4. Gegenteil von „hoch" — 60 99 85 12 26 48
5. Gegenteil von „sehend" — 38 72 100 25 54
6. Anderer Ausdruck für Zuspruch — 95 11 49 73 29
7. Himmelskörper — 84 24 62 96 10
8. Teil der Tür — 30 88 68 9 50
9. Anderer Ausdruck für Witfrau — 8 92 57 76 34
10. Weibliches Huhn — 59 98 7 81 23
11. Befehlsform von „rennen" (Einzahl) — 51 102 22 42 69
12. Geschliffener, durchsichtiger Körper aus Glas — 58 97 33 6 82
13. Leichter Sturm — 41 79 21 66
14. Anderes Wort für Kuh — 74 32 90 5
15. Kleiner Fluß — 4 83 67 20
16. Einheimisches Raubtier, das wie der Fuchs in Höhlen wohnt — 31 89 3 75 53
17. Anderes Wort für Gemälde — 80 43 19 56
18. Teil des Hauses — 18 71 91 35
19. Anderes Wort für Kante — 65 86 17 44
20. Tötung auf verbrecherische Weise — 2 55 70 36
21. Anderes Wort für Lebewesen — 37 52 1 61

Lösung:

40 16 59   80 97 25   12 83 93   103 92 67 75 29   66 85 48
47 62 72 37.   8 27 11   2 68 96   7 71 14 45 9 55 19 30 15'
54 94 88   41 99 51 5   10 79 3 46 95   18 28 81 31 1 58 33
101 21   13 102 61   50 32 60 53 57 82 74 91 43 78'
6 49 90 36 23 65 42   76 52 70 56   35 86 84   87 100 77 20 24
44 34 73   39 98 38 69 17 64   63 89 4 26 22.

Knäuel

Entwirre das Knäuel. Verfolge die Buchstabenspur bis ans Ende. Auf der nächsten Seite kannst du die gefundene Bibelstelle eintragen.

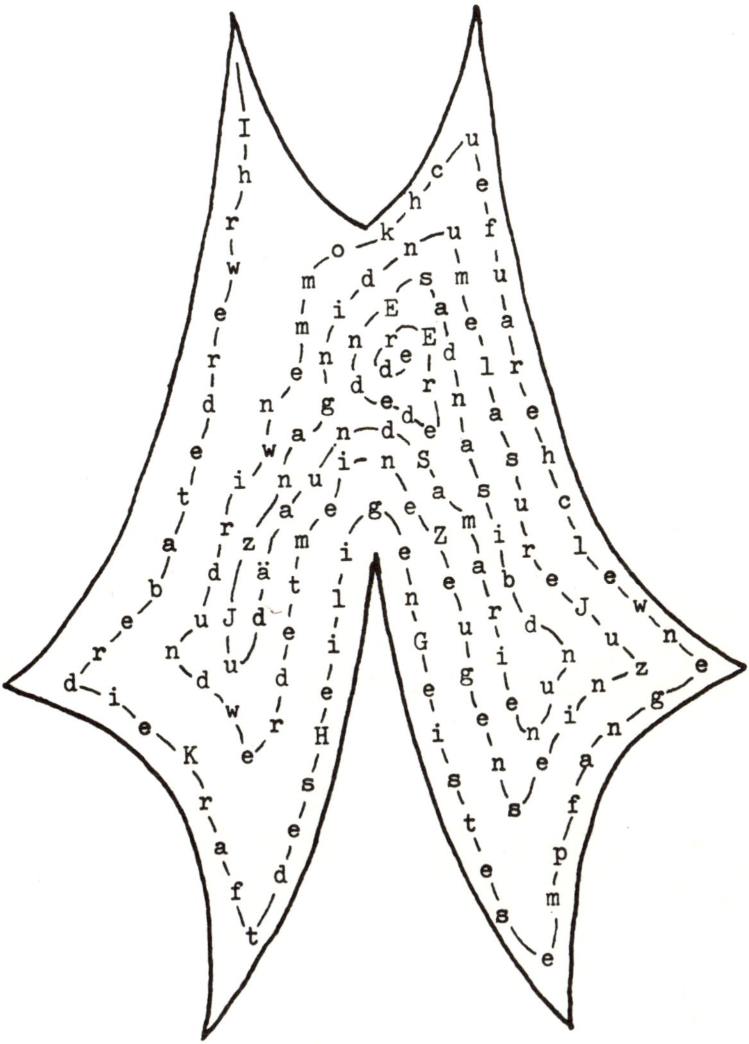

--- ------ ---- --- ----- --- --------

------- ---------, ------- --- ---- ------

----, --- ------ ----- ------ ---- --

--------- --- -- ---- ----- --- --------

--- --- -- --- ---- --- ----.

Wo steht dieses Bibelwort? ____________

Biblische Fragen

Teil I: Heilsweg

1. Wer verführte Adam und Eva zum Sündigen?
2. Worin machte Gott Adam und Eva deutlich, daß Sünde von ihm trennt?
3. Wer ist nach Auskunft der Bibel ein Sünder?
4. Nach welchem Maßstab beurteilt Gott ein Menschenleben?
5. Was erwartet einen Sünder nach Auskunft der Bibel?
6. Gibt es für den Menschen eine Möglichkeit, zu Gott zurückzukehren?
7. Was zeigt Gott in der Sendung seines Sohnes?
8. Für wessen Sünde starb Jesus am Kreuz?
9. Wer erhält durch Jesus Vergebung der Schuld und ewiges Leben?
10. Wie bekommt ein Mensch Sündenvergebung?
11. Wie bekommt ein Mensch neues Leben?
12. Wie nennt man das Reden mit Gott?
13. Wie redet man mit Gott?
14. Kann ein Mensch wissen, daß seine Sünden vergeben sind und daß er Jesus Christus gehört?

Teil II: Mission

1. Wo steht der Missionsbefehl?
2. Welche Gemeinde wollte der Apostel Paulus als Stützpunkt für seine Spanienmission gewinnen?
3. Von welcher europäischen Stadt wird berichtet, daß sie eine ungeheure missionarische Ausstrahlung hatte?
4. Von welchem Kaiser wurden Aquila und Priska aus Rom vertrieben?
5. Welche Gemeinde warnt Paulus eindringlich vor der Gesetzesfrömmigkeit?
6. Wo sollte Titus Gemeindeälteste einsetzen?
7. Welche Gemeinde sandte Paulus und Barnabas zur ersten Missionsreise aus?
8. Wo wollte man Paulus und Barnabas als Götter verehren?
9. In welcher Stadt fand das sogenannte „Apostelkonzil" statt?
10. Wo erhielt Paulus seinen Ruf nach Mazedonien?
11. Wodurch zeichneten sich die Juden in Beröa aus?
12. Vor welchen Philosophen sprach Paulus in Athen?
13. Von welcher Stadt berichtet die Apostelgeschichte, daß sie einen Dianatempel beheimatete?
14. Wie hieß der Prophet, der Paulus seine Gefangennahme in Jerusalem vorhersagte?
15. Weshalb wollten die Juden in Jerusalem Paulus töten?
16. Wer hinterbrachte Paulus die Nachricht von einem geplanten Mordanschlag?
17. In welcher Stadt berief sich Paulus auf den Kaiser?
18. Wie viele Personen reisten mit Paulus auf dem Schiff nach Rom?

Aussprüche und Personen

Auf den nächsten beiden Seiten findest du jeweils acht Aussprüche. Ordne jeden Ausspruch der Person zu, von der er stammt.

Teil A:

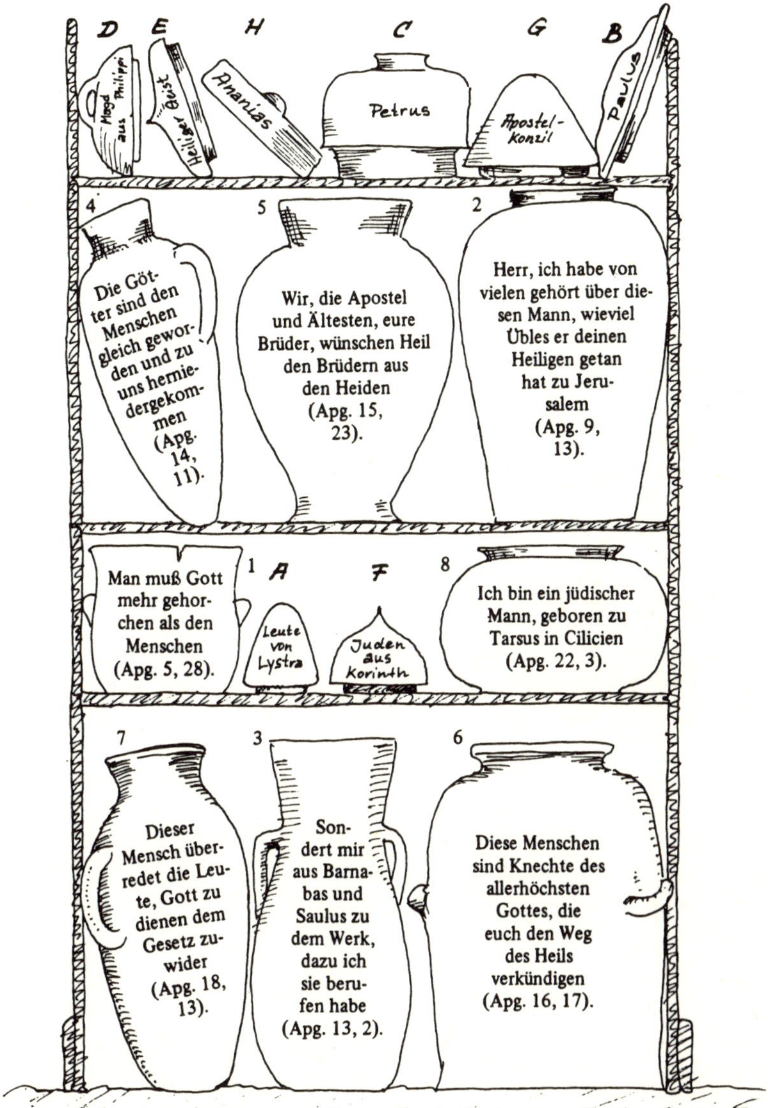

Teil B:

1 Ist der Rat oder das Werk aus den Menschen, so wird's untergehen (Apg. 5, 38).
2 Herr Jesus, nimm meinen Geist auf (Apg. 7, 58).
Komm herüber und hilf uns! (Apg. 16, 9). 4
3 Herr, wer bist du? (Apg. 9, 5).
6 Gehe hin für diesmal; wenn ich gelegene Zeit habe, will ich dich wieder rufen lassen (Apg. 24, 25).
Liebe Herren, was soll ich tun, daß ich gerettet werde? (Apg. 16, 30). 5
8 Es fehlt nicht viel, du wirst mich noch bereden und mich zum Christen machen (Apg. 26, 28).
Paulus, du rasest! Das große Wissen macht dich rasend (Apg. 26, 24). 7
F. Paulus
D. Stephanus
A. Kerkermeister von Philippi
C. Gamaliel
B. König Agrippa
E. Felix
H. Ein Mazedonier
G. Festus

Mission im Alten Testament

Der Prophet Jona wird von Gott beauftragt, einer großen Stadt Gottes Gericht anzukündigen. Was er dabei erlebte, siehst du in den folgenden Bildern dargestellt. Allerdings ist manches durcheinandergekommen. Doch du kannst sicher die richtige Reihenfolge wiederherstellen.

1

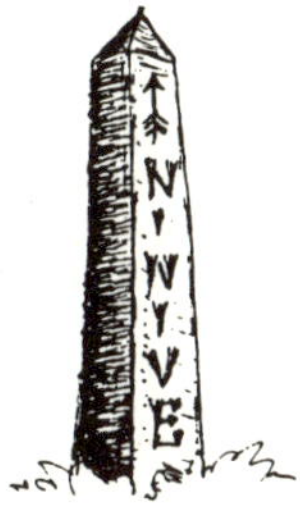

2

3

4

5

6

8

7

Korrespondenz des Paulus

Trage die untersrichenen Worte ins Gitternetz ein.

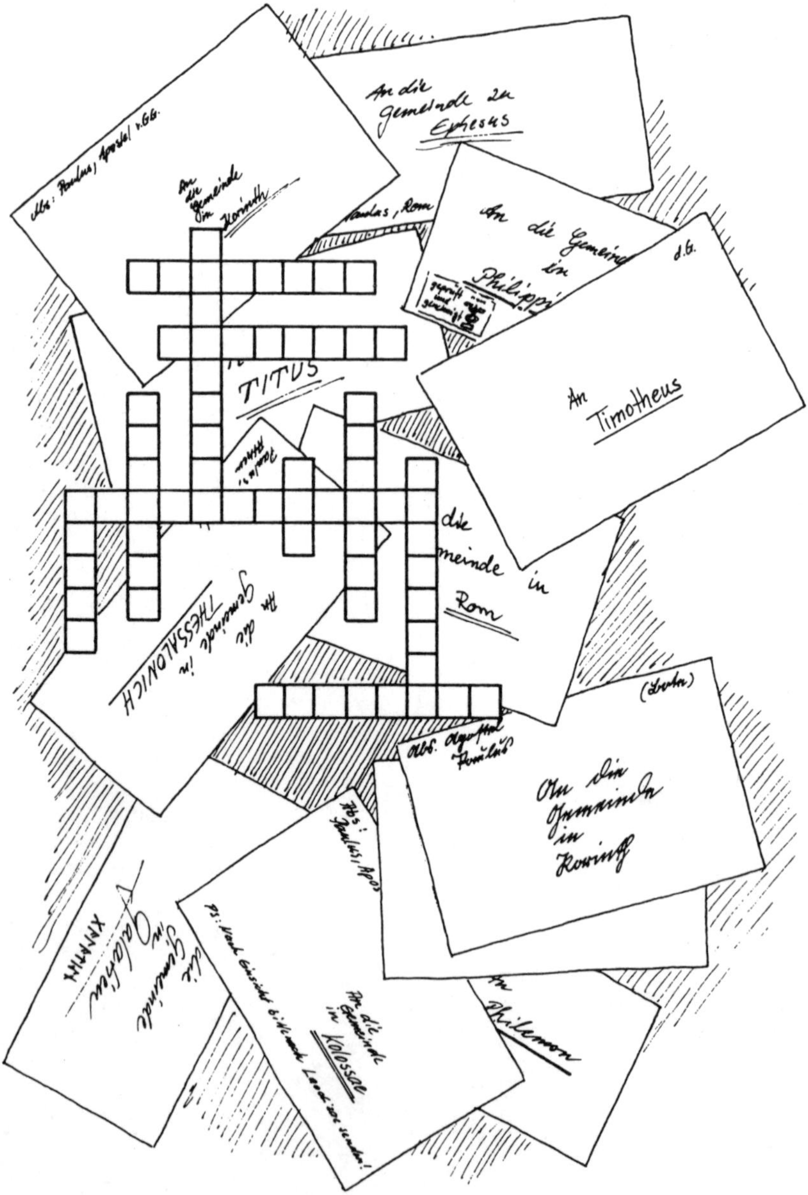

Wie heiße ich?

A. Verkündiger

1. Ich bin einer der sieben Diakone der Gemeinde in Jerusalem. Durch mich ließ sich ein Minister eines afrikanischen Landes taufen. Ich beherbergte Paulus in Cäsarea. ____________

2. Auch ich bin ein Diakon der Gemeinde in Jerusalem. Jesus schenkte mir in meinen Auseinandersetzungen mit den Juden viel Weisheit. Ich bin der erste Märtyrer der Christenheit. ____________

3. Ich bin Auslandsjude und komme von Zypern. Ich führte Paulus in die Gemeinde in Jerusalem ein. Außerdem war ich auf der ersten Missionsreise sein Begleiter.

____

4. Ich bin einer der zwölf Apostel. Auf Befehl des Königs Herodes wurde ich enthauptet. Mein Bruder heißt Johannes. ____________

5. Ich bin ein Verwandter des Barnabas. Dieser nahm mich auf die erste Missionsreise des Paulus mit. Ich bin der Schreiber des zweiten Evangeliums. ____________

6. Ich bin ein Prophet. Ich wirkte am Jordan. Meine Aufgabe war es, das Auftreten Jesu vorzubereiten. ____________

7. Ich bin alttestamentlicher Schriftprophet. Ich wirkte zur Zeit der Könige Usia, Jotham, Ahas und Hiskia von Juda. Im 53. Kapitel meines Buches schildere ich die Leiden des Gottesknechts.

____

8. Ich ließ mich von Johannes dem Täufer taufen. Aquila und Priscilla vertieften mein Wissen über das Evangelium von Jesus Christus. Danach predigte ich das Evangelium in Korinth. ____________

B. Hörer

1. Ich bin ein Zauberer aus einer Stadt Samariens. Philippus taufte mich. Von Petrus wollte ich die Gabe des Heiligen Geistes kaufen. ________

2. Ich war von jeher eine gottesfürchtige Frau. Durch Paulus kam ich zum Glauben an Jesus Christus. Von Beruf bin ich Purpurkrämerin. ________

3. Ich bin römischer Prokonsul auf Zypern. In meiner Gegenwart verlor der Zauberer Elymas das Augenlicht. Durch Paulus wurde ich Christ. ________

4. Auch ich bin römischer Beamter. Ich tat in Philippi meinen Dienst. Paulus und Silas waren eine Zeitlang in meinem Gefängnis. ________

5. Ich bin ein römischer Hauptmann. Von mir wurde Paulus in Jerusalem in Schutzhaft genommen. Später schickte ich ihn mit einem Begleitschreiben zum Statthalter Felix. ________

6. Ich bin Jüdin. Während seiner Gefangenschaft in Cäsarea hörte ich Paulus manches Mal über seinen Glauben sprechen. Ich bin die Frau des Statthalters Felix. ________

7. Mit meinem Bruder zusammen besuchte ich den Statthalter Festus. Dieser ließ uns bei einem Verhör des Paulus dabeisein. Mein Bruder heißt Herodes. ________

8. Paulus verbrachte drei Tage auf meinem Landhaus. Dabei heilte er meinen Vater von der Ruhr. Ich lebe übrigens auf Malta. ________

Was steht wo?

1. Siehe, ich sende euch wie Schafe mitten unter die Wölfe.
   a) Mt 10, 16 b) Joh 6, 68
   c) Tit 2, 11

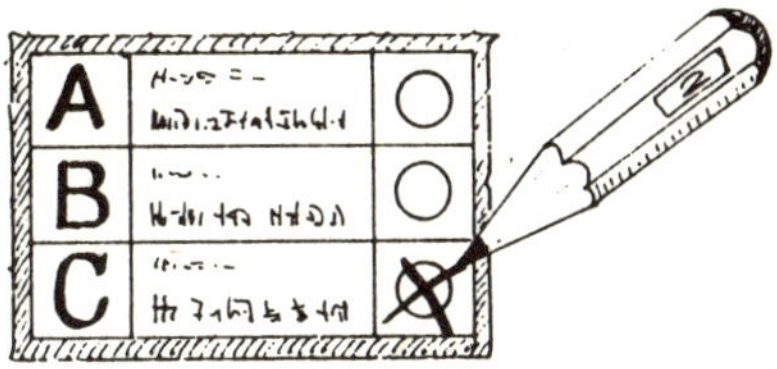

2. Du aber sei nüchtern allenthalben, leide willig, tu das Werk eines Predigers des Evangeliums, richte dein Amt redlich aus.
   a) 1. Petr. 5, 5 b) 2. Ti 4, 5
   c) Apg 5, 29

3. So sind wir nun Botschafter an Christi Statt, denn Gott vermahnt durch uns; so bitten wir nun an Christi Statt: Lasset euch versöhnen mit Gott!
   a) Ps 23, 2 b) Rö 2, 1 c) 2. Kor 5, 20

4. Ihr aber seid das auserwählte Geschlecht, das königliche Priestertum, das heilige Volk, das Volk des Eigentums, daß ihr verkündigen sollt die Wohltaten des, der euch berufen hat von der Finsternis zu seinem wunderbaren Licht.
   a) Eph 2, 10 b) 1. Petr 2, 9 c) 1. Ti 3, 16

5. Und ich will ein Zeichen unter ihnen aufrichten und einige von ihnen, die errettet sind, zu den Völkern senden.
   a) Jes 66, 19 b) Hos 2, 1 c) Dan 12, 2

6. Und ich hörte die Stimme des Herrn, wie er sprach: Wen soll ich senden? Wer will unser Bote sein? Ich aber sprach: Hier bin ich, sende mich!
   a) 1. Sa 17, 50 b) Ps 31, 6 c) Jes 6, 8

7. Und er sprach zu mir: Du Menschenkind, ich sende dich zu den Kindern Israel, zu dem abtrünnigen Volk, das von mir abtrünnig geworden ist.
   a) Hes 2, 3 b) Jer 7, 3 c) Mk 2, 17

8. Die Ernte ist groß, aber wenige sind der Arbeiter. Darum bittet den Herrn der Ernte, daß er Arbeiter in seine Ernte sende.
   a) Ga 3, 13 b) Mt 9, 37.38 c) Lk 3, 22

9. Einen andern Grund kann niemand legen außer dem, der gelegt ist, welcher ist Jesus Christus.
a) 1. Kor 3, 11 b) Offb 5, 5 c) Hebr 12, 14

10. Was hülfe es dem Menschen, wenn er die ganze Welt gewönne und nähme doch Schaden an seiner Seele?
a) Rö 9, 16 b) Mk 11, 9 c) Mt 16, 26

11. Lasset das Wort Christi reichlich wohnen in euch.
a) Phil 1, 18 b) Kol 3, 16 c) Ga 2, 20

12. So kommt der Glaube aus der Predigt, das Predigen aber durch das Wort Christi.
a) Jak 2, 1 b) Rö 10, 17 c) 1. Mo 12, 1

13. Denn von euch aus ist erschollen das Wort des Herrn nicht allein in Mazedonien und Achaja, sondern an allen Orten ist euer Glaube an Gott bekannt geworden, so daß uns nicht not ist, etwas zu sagen.
a) 1. Thes 1, 8 b) Jes 53, 4 c) Eph 6, 10

14. Ich kannte dich, ehe ich dich im Mutterleibe bereitete, und sonderte dich aus, ehe du von der Mutter geboren wurdest, und bestellte dich zum Propheten für alle Völker.
a) Amos 8, 12 b) Joh 15, 5 c) Jer 1, 5

15. Jesus ist die Versöhnung für unsere Sünden, nicht allein aber für die unseren, sondern auch für die der ganzen Welt.
a) 1. Joh 2, 2 b) Ps 119, 105 c) 1. Ti 1, 15

16. Die Gesunden bedürfen des Arztes nicht, sondern die Kranken. Ich bin gekommen, zu rufen die Sünder zur Buße, und nicht die Gerechten.
a) Lk 5, 31.32 b) Hebr 2, 14 c) Joh 10, 27

Teil 2

Kreuz und quer durch die Bibel

Fragezeichen

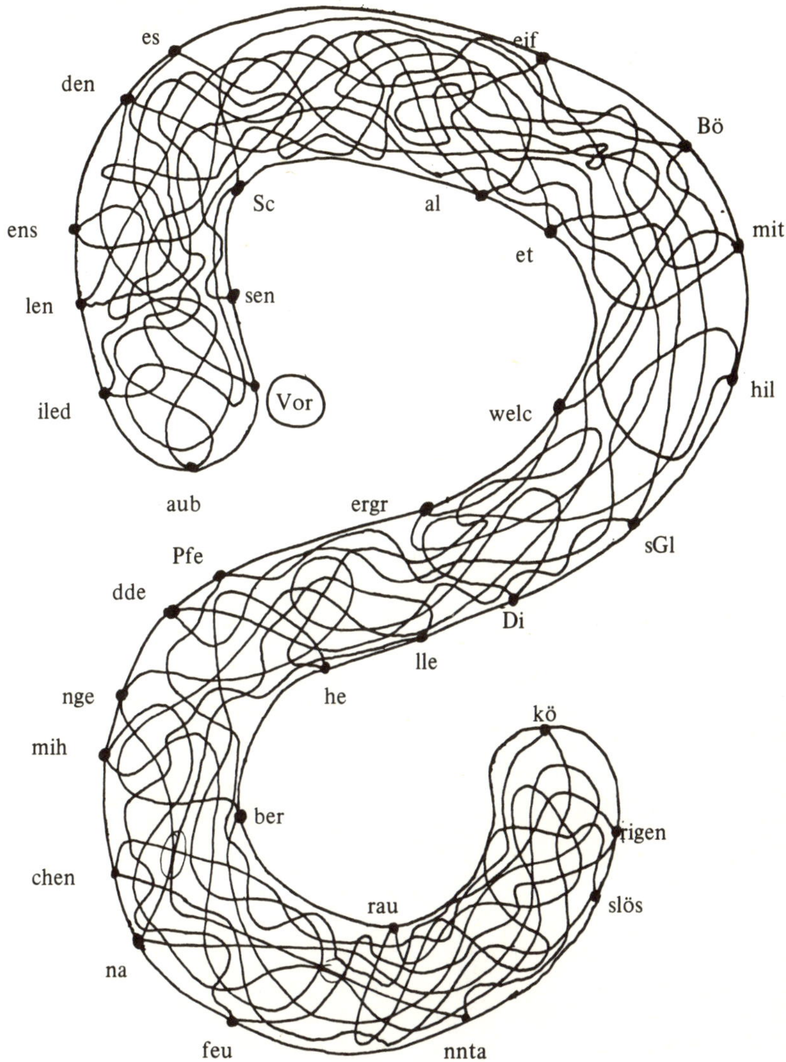

Fange mit der eingekreisten Silbe an und verfolge die Spur. Paß auf und verlier sie nicht!

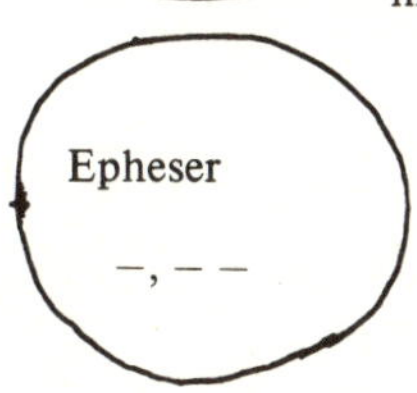

___ ____ ______ ____ _______ ___ _____ ___

______ , ___ ______ ___ _______ _____ ____

______ ______ ___ ____ .

Der Glaube ist ein _ _ _ _ _ _ _. Nur mit diesem _ _ _ _ _ _ _ können die Angriffe Satans erfolgreich abgewehrt werden. (Ergänze aus dem Bibelvers ein Wort, das den Satz sinnvoll vervollständigt.)

Zahlenkreuzworträtsel

Finde heraus, welche Zahl welchem Buchstaben entspricht. (Nicht jeder Buchstabe hat eine Zahl als Entsprechung)

6	4	1	10	■	15	4	■	9	4	8 G	4	15
7	6	1	■	5	1	6	14	7	■	2 O	4	6
14	1	■	■	4	6	1	7	■	7	11 M	■	■
11	■	3	7	17	■	■	8	2	9	4 E	15	■
■	3	4	5	4	12	12	7	■	■	3 R	7	17
16	4	8	4	■	7	■	3	2	11	■	11	■
4	10	4	15	■	15	■	■	■	2	5	4	10
6	7	15	10	■	7	6	11	2	9	4	15	■
6	■	■	■	6	7	13	■	9	4	1	■	■
4	15	8	4	■	15	4	9	17	■	15	1	4
■	■	■	■	■	■	8	■	■	■	■	■	■
■	■	■	■	■	■	4	■	■	■	■	■	■

A =	F =	K =	O = 2	S =	W =
B =	G = 8	L =	P =	T =	X =
C =	H =	M = 11	Q =	U =	Y =
D =	I =	N =	R = 3	V =	Z =
E = 4	J =				

					12	14	11		17	2	11	11	18
4	14	7	8	18	11	3	4	14	6	11	16		
14	19	11		11				3	10	15	5		
7	11		9	12	11	8	7	14		5			
10		12	17	14	7	14		4	10	11	5		
	14	17		7	14	13	14		14	16		B 7	
	2	15	5		12			14	12	17	2	A 11	
2	15	5	11	16		3	11	2		11	17	B 7	
10	5	13		8	16	17	11		14		2	E 14	
4	14		2	13	11	16		7	17	7	14	L 12	
4				5	7		14	4	3	10	16		
14	12	17	11		14	17	3			11	11	2	
	11	11	16	10	4		1	10	11	2		10	

A = 11 B = 7 C = D = E = 14 F = G = H = I = J =

K = L = 12 M = N = O = P = Q = R = S = T =

U = V = W = X = Y = Z =

Gitternetze

Ordne die Namen von Jakobs Familienangehörigen in das untenstehende Gitternetz ein. Wenn du es richtig machst, geht es genau auf.

Rahel – Lea – Bilha – Silpa – Ruben – Simeon – Levi – Juda – Sebulon – Naphthali – Asser – Isaschar – Gad – Dan – Joseph – Benjamin – Dina

Ordne folgende Frauennamen in das Gitternetz ein.

Eva – Esther – Bathseba – Ruth – Debora – Naemi – Ada – Zilla – Vasthi – Martha – Rahab – Rebekka – Michal

Welche von diesen Frauen wird nur im Neuen Testament erwähnt?

____

Ordne die Namen der Apostel (nach der Apostelwahl Apg. 1) in das Gitternetz ein:

Petrus – Jakobus – Andreas – Simon – Thomas – Jakobus – Johannes – Philippus – Matthias – Judas – Matthaeus – Bartholomaeus

Nimm die Buchstaben der gekennzeichneten Felder und den Buchstaben, der im untenstehenden Buchstabensalat am häufigsten vorkommt.

f g h i u r e s g d g u u d d e s v g d a e g r e b d g j o p l g k i z h k m h
g b v f g n k u j g g d g l g ä ü p l m ä l j l ä g

Diese sieben Buchstaben ergeben in der richtigen Reihenfolge den Namen eines Berges, der in allen vier Evangelien erwähnt wird.

_ _ _ _ _ _ _

Städteraten

Finde heraus, welche biblischen Orte sich hinter den folgenden Nummernschildern verbergen!
Beispiel:

M – AT 21	MAT (thäus) 2,1

RU – TH 11	________
J – ES 396	________
RI – CH 950	________
J – OS 161	________
OF – FE 31	________
K – OL 12	________
JO – HA 61	________
PHI – LI 11	________
LU – KA 711	________
S – AC 83	________
JO – NA 32	________
ROE – ME 17	________
JE – RE 11	________
H – ES 2821	________
MA – RK 143	________
HO – SE 68	________
AM – OS 110	________

Buchstabenbilder

Wenn du die Buchstaben richtig zusammensetzt, erhältst du jeweils den Namen eines Mannes aus königlichem Geschlecht.

1)  ------

2)  ----

3)  ------

4)  -------

5)  -------

6)  -----------

7) 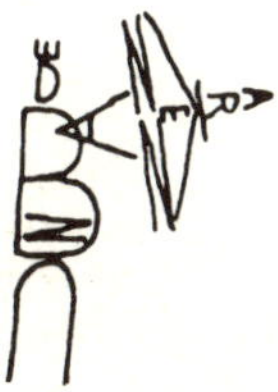 -------------

Scherben

Klirr! Du kennst sicher das Geräusch, das entsteht, wenn etwas Zerbrechliches zu Boden fällt und in viele Teile zerbricht. Genau das ist hier geschehen. Pause die Teile ab, schneide sie aus und versuche, sie wieder zusammensetzen. Als Ergebnis erhältst du einen Bibelvers, der uns etwas Wichtiges zu sagen hat.

I

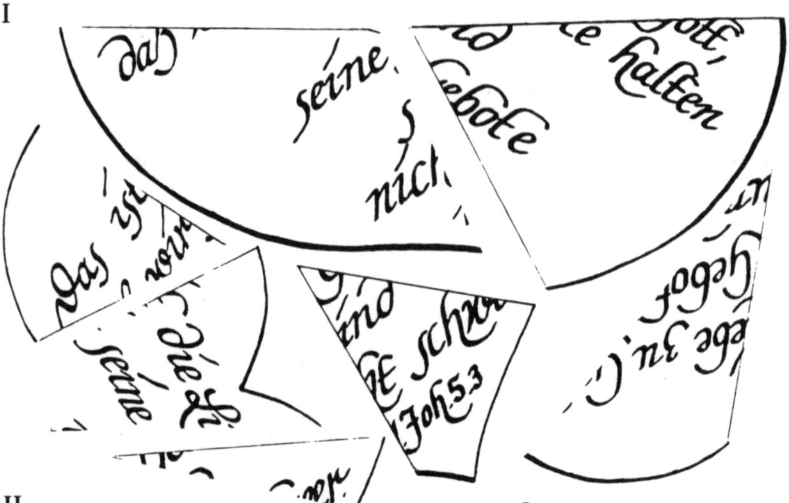

II

Versteckspiel

Hier siehst du viele Buchstaben, die eigentlich keinen Sinn ergeben. Doch wenn du genauer hinsiehst, wirst du sinnvolle Wörter herauslesen können. Diese Lösungen sind waagrecht, senkrecht und diagonal (sowohl von links oben nach rechts unten, als auch von rechts oben nach links unten) zu finden. Kennst du den Ausdruck 'Eselsgeduld'? Falls du bisher nicht wußtest, was damit gemeint ist, wirst du es spätestens nach der Auflösung dieses Rätsels wissen. Denn dazu ist wirklich eine 'Eselsgeduld' notwendig.

I Hier sind insgesamt 20 biblische 'Begriffe' getarnt, von denen immer zwei zusammengehören.
Versuche, sie herauszufinden!

B	O	A	S	X	Z	W	O	Y	G	O	L	I	A	T	H	L	A	S	B	O	R
A	V	F	G	Z	W	J	O	R	S	A	Z	Y	X	F	I	A	G	R	I	X	U
X	Y	N	O	R	S	U	V	B	K	N	U	M	A	E	R	J	E	S	U	S	P
S	U	M	B	I	L	E	A	M	X	S	J	O	N	A	Z	U	L	S	X	A	T
D	L	O	G	S	B	N	K	R	B	E	L	U	Z	I	L	G	P	A	K	U	W
A	H	K	I	A	J	G	Z	P	A	U	L	U	S	K	N	M	O	R	A	Z	A
V	A	E	L	A	I	E	S	M	K	R	Z	I	E	M	K	I	B	R	I	E	K
I	M	Z	X	K	T	R	A	N	N	P	A	X	U	Q	B	O	V	W	D	S	R
D	K	W	U	K	M	M	E	Ü	S	R	R	B	D	A	R	Y	E	E	U	C	P
O	P	C	I	R	L	T	O	A	X	T	Z	W	R	C	T	R	V	V	M	L	L
K	Z	N	L	U	K	A	S	O	R	D	T	K	S	A	R	M	M	A	B	E	L
Z	Y	I	I	T	P	A	E	L	P	X	O	S	J	V	H	V	Q	N	G	H	J
G	A	F	S	H	A	I	I	M	K	H	J	U	T	B	V	A	C	S	F	Q	W
V	H	G	Ö	Ä	B	R	M	N	M	U	B	A	R	A	K	K	M	V	A	H	Q
M	O	P	H	J	S	K	S	H	U	E	M	D	X	C	H	A	K	Q	I	P	L
V	B	X	J	A	U	Q	R	U	K	T	I	A	V	Y	K	Q	O	W	L	D	H
O	P	W	T	E	Z	R	U	H	S	G	W	M	M	I	T	A	F	E	R	U	M

II Hier sind die Bücher des Alten Testaments verborgen:

V	F	B	M	O	S	E	N	U	S	S	K	A
H	A	B	A	K	U	K	S	L	I	A	N	E
E	E	M	L	O	K	D	A	T	R	M	C	W
H	O	L	E	N	D	E	N	A	H	U	M	P
S	I	L	A	S	S	B	R	I	E	E	E	P
P	S	E	C	H	R	O	N	I	K	L	R	T
R	A	R	H	C	L	A	Z	O	R	U	S	I
U	N	R	I	C	H	T	E	R	T	A	L	E
E	L	I	A	S	A	N	P	H	A	N	N	A
C	A	E	R	B	I	S	H	A	L	O	H	A
H	R	S	N	G	A	S	A	P	U	R	A	N
E	G	G	E	F	O	E	N	J	A	E	G	R
R	E	T	E	P	H	A	J	A	I	N	G	O
B	A	R	J	O	S	U	A	I	D	E	A	Z
H	N	T	E	E	P	A	S	E	A	R	I	S
H	S	V	R	U	S	A	L	E	N	U	D	L
N	E	H	E	M	I	A	E	M	I	E	D	A
B	R	A	M	E	S	T	J	A	E	L	H	U
R	H	O	I	L	A	S	E	A	L	N	E	D
K	O	B	A	D	J	A	J	U	N	G	S	O
A	H	A	F	O	R	C	S	O	I	D	E	A
S	E	I	N	K	U	H	O	S	E	A	K	E
L	S	A	O	A	K	A	L	U	T	L	I	P
U	L	O	U	B	P	R	E	D	I	G	E	R
L	I	E	D	E	R	J	S	E	R	U	L	D
D	E	M	I	C	H	A	U	N	D	I	S	A
I	D	E	E	N	H	A	B	E	N	S	I	E

III Hier findest du bei genauem Suchen die Bücher des Neuen Testaments!

M O S E S C A G A L A T E R U
A M O S B A U M P T Z I H O H
L A M E C H O H O M A M A E S
P E T E R H I S S E N O R M I
A L T E R L E B T N T T I E R
C E R H I U S I E R A H A R E
H I L P E R T E L E S E I N E
I H P R G U O L G A A U A U F
B E N E S Z U T E R E S A R K
R A U I T S E I S A S A S A R
U N N S E R X Y C U N G E L E
A F F E S Y U K H B I E N E N
A S T E R I K S I N D I A N A
N A T U R A R R C H E N U S A
D O N A M A T T H A E U S T R
A M A L E K I T T E R A C H T
C V J O H A N N E S B R I E F
J A N A O B E L I X A M O S I
D E L U K A S J U D A A U S S
E I S E N O F E N R U S S A N
O D A N I E B S K L I R E L U
O F F E N B A U H A U S B O A
K A F H I R S E S C H E U N E
R U H E T A U S I N A U R I T
N A R B N O E P H E S E R C H
M I G R O B E N P R O B E H N
T I L A S N A S A R A U N E N
N A S E J K O R I N T H E R I
T J A E S O O A U X S I M O N
S P U R G L H A N N Z K A M M
L I E D R O S A R E G L I C H
A C H S A S H A N N I B A L U
S I X T U S I S T N O C H D A
U P H I L E M O N T E E A H A
F R A N K R E I C H I S T I N

Wortsalat

Ordne den folgenden 'Wortsalat'. Die eingeklammerten Buchstaben ergeben, in der richtigen Reihenfolge geordnet, ein biblisches Buch:

1. Jungen-Namen:

TURK = _ (_) (_) _
TREPE = (_) _ _ (_) _
STAHMO = (_) _ _ _ _ (_)
Lösung: _ _ _ _ _ _

2. Mädchen-Namen:

TENARE = _ _ _ (_) (_) _
ABETA = _ (_) _ (_) _
INGERELD = (_) _ (_) (_) _ _ _ _
Lösung: _ _ _ _ _ _ _

3. Nationen:

NAPJA = (_) _ _ (_) _
IRAKEMA = _ (_) (_) (_) (_) _ _
GELNAND = (_) _ _ _ _ _ _
Lösung. _ _ _ _ _ _ _

4. Früchte:

RIBEN = _ (_) _ _ (_)
HENOB = _ _ (_) _ (_)
EMLENO = _ _ (_) _ _ (_)
ESCHRIK = (_) _ _ (_) _ _ _
Lösung:

5. Pflanzen:

JIMSAN = (_) _ (_) _ _ _
DELORENA = (_) _ _ (_) _ _ _ _
RUNDLOHE = _ _ _ (_) _ _ _ _
Lösung: _ _ _ _ _

6. 'Duftnoten':

SORE = (_) _ _ (_)
TECHIF = _ _ (_) (_) (_) _
LIEDREF = _ _ (_) _ _ _ (_)
Lösung: _ _ _ _ _ _ _

7. Tiere:

SAMU = (_) _ (_) _
GÄRNUKUH = _ (_) _ _ _ _ _ (_)
TALLTUBAS = _ _ _ (_) (_) _ (_) _ (_)
Lösung: _ _ _ _ _ _ _ _

8. Hauptstädte:

SOLO = _ _ (_) (_)
HANET = _ (_) (_) (_) (_)
DAMDIR = _ (_) _ _ (_) _
STERKUBA = _ _ _ _ (_) (_) (_) _
KOCHMOLST = (_) _ _ (_) _ (_) _ _ _
Lösung: _ _ _ _ _ _ _ _ _ _ _ _ _ _

9. Bäume:

ÄCHLER = _ (_) _ _ _ (_)
REKIB = (_) _ (_) _ (_)
MICHBARSUK = _ _ (_) _ _ (_) _ _ _ _
Lösung: _ _ _ _ _ _ _

10. Auto-Kennzeichen:

Hannover: (_) Köln: (_)
Aalen: (_ _) Berlin: (_)
Kulmbach: (_ _)
Lösung: _ _ _ _ _ _ _

11. Edelsteine aus Offenbarung 21:

PARSOSCHYR = (_) (_) _ _ _ _ _ _ (_) _
THEMASYT = _ (_) (_) _ _ _ _ _
ZAHNTYHI = _ _ (_) _ (_) _ _ _
LYRBEL = _ _ _ _ (_) _
Lösung: _ _ _ _ _ _ _ _

12. Indianerstämme:

HIKENOMAR = _ _ _ _ _ _ (_) (_) _
NUHONER = (_) _ _ _ (_) _ _
JAVASON = _ (_) _ _ (_) _ _
XUSIO = (_) _ (_) _ _
Lösung: _ _ _ _ _ _ _ _

Codes

Bestimmt hast du schon einmal von Spionen gehört. Sicher weißt du, daß sie versuchen, Geheimnisse auszukundschaften und an ihre Auftraggeber weiterzuleiten. Damit diese Botschaften nicht jeder lesen kann, verwenden sie Geheimschriften (Codes).

Hier kannst du nun deine Fähigkeiten beim Entschlüsseln von Codes erproben.

1. 20 12 7 7 18 9 7 6 13 23 25 15 18 25 7
   20 22 7 9 6 22 6
   Schlüssel: Jede Zahl entspricht einem Buchstaben

2. IJW MJWW NXY RJNS MNWYJ
   Schlüssel: Das Alphabet ist verschoben.

3. FKGU JEKNJEKGT RCDMPCF
   Schlüssel: Lies die Wörter wie ein Hebräer. Dann verschiebe das Alphabet.

4. LS HT GTT D WLT GLBT, DSS R SNN NGBRNN SHN GB, F DSS LL, D N HN GLBN, NCHT VRLRN WRDN, SNDRN DS WG LBN HBN.
   Schlüssel: Ergänze die fehlenden Vokale (Selbstlaute).

5. Benütze zur Lösung dieser beiden Codes den untenstehenden Schlüssel.

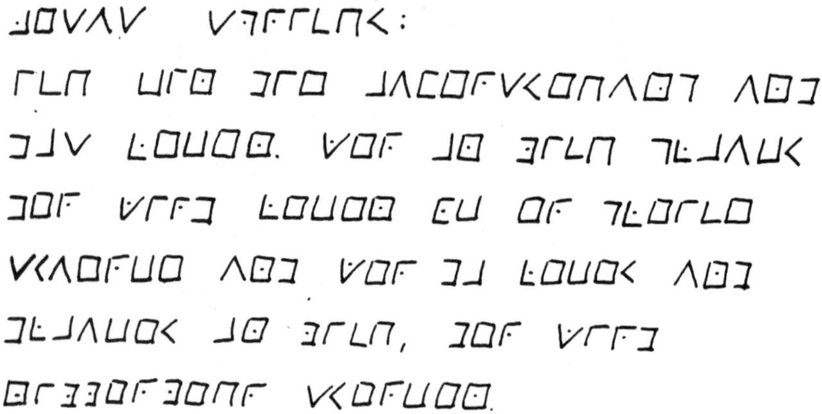

Jesus Christus gibt ewiges Leben. Auch der Tod kann dieses Leben nicht zerstören. Es geht in alle Ewigkeit weiter.

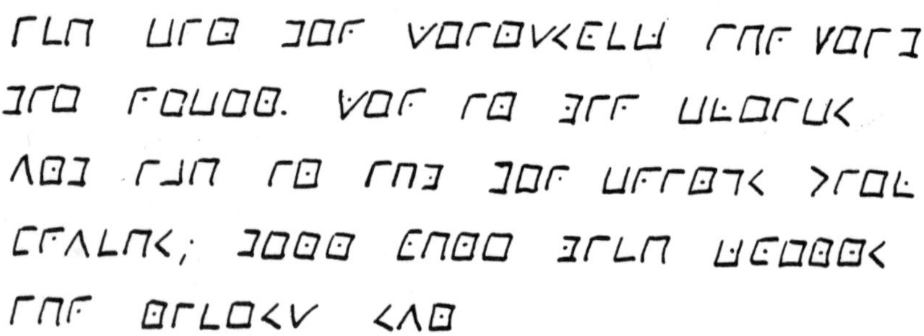

Nur in der Verbindung mit Jesus kann ein Christ ein fruchtbares Leben führen.

Schlüssel:

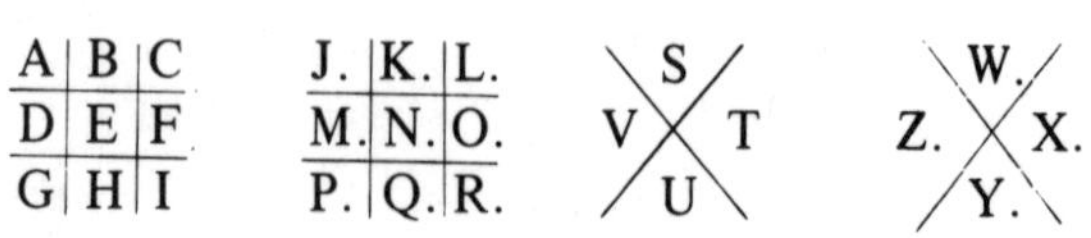

Fragezeichen

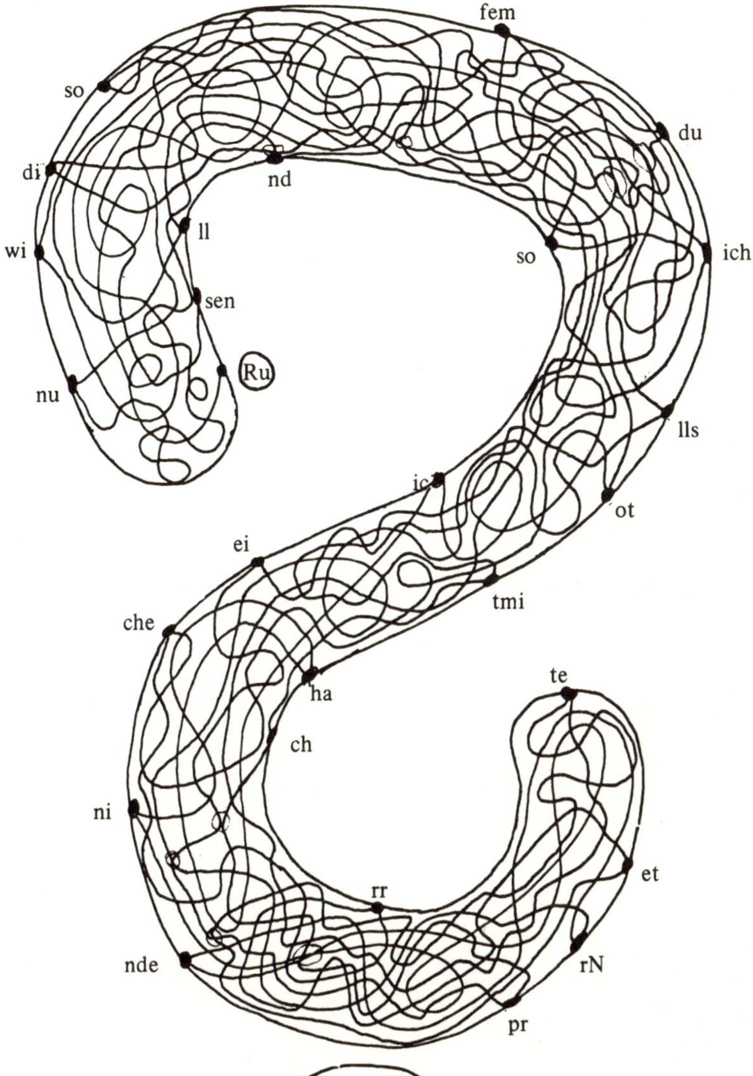

Fange mit der
an und verfolge
verlier sie nicht!

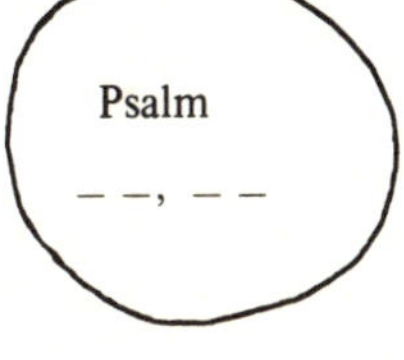

eingekreisten Silbe
die Spur. Paß auf und

_____ _____ ____ ____ ____ ____, ____ ____ _____ _____ ________,

_____ ____ _____ _____ _____.

Dieser Psalmvers ist ein wichtiges Versprechen Gottes für alle, die in _ _ _ sind. Gott verspricht, auf seine Weise zu helfen.
(Ergänze aus dem Bibelvers ein Wort, das den Satz sinnvoll vervollständigt.)

Gesucht

Nähere Angaben:

zu 1. Geburtsort:
Meinen Geburtsort erfährst du, wenn du folgenden 'Buchstabensalat' in der richtigen Reihenfolge ordnest:

MAJERSEUL = ____________________

zu 2. Nationalität: ________________
Ich gehöre zu jenem Volk, dessen Hauptstadt du bei 1. erraten hast!

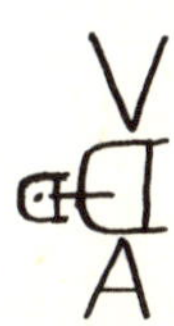

zu 3. Name des Vaters: ___________________
Der Name meines Vaters ist in der folgenden Figur verborgen:

zu 4. Name der Mutter:

Ihren Namen erfährst du, wenn du folgendes Rätsel löst!

a) Ich war ein blinder Bettler am Ausgang von Jericho. Jesus half mir.
b) Ich war der erste Missionar in Europa.
c) Ich verleugnete Jesus dreimal an einem Tag.
d) Jesus berief mich an einer Zollstation zu seinem Jünger.
e) Ich schrieb die ‘Apostelgeschichte’.
f) Paulus schrieb zwei Briefe an mich.
g) Ich bin der Bruder des Johannes.
h) Ich verriet Jesus.

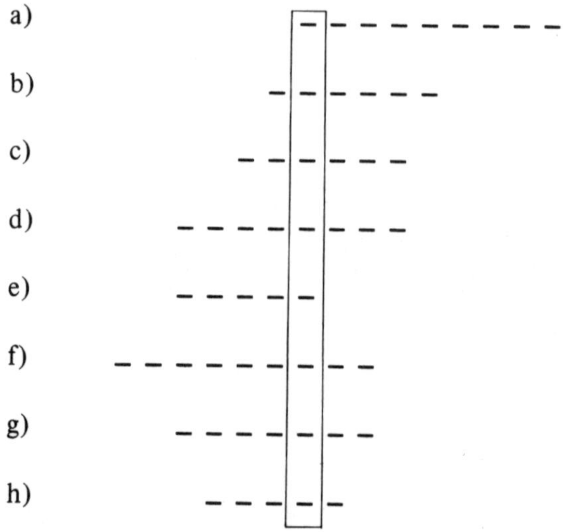

zu 5. Name des Großvaters: □□□□

Löse das Worträtsel und du hast den Namen:

Nimm von einem Wiesel den ‘Esel’ und das ‘W’, setz daran einen ‘See ohne e’. Nun hast du bereits die erste Hälfte des gesuchten Namens.

Streich von der ‘Ader’ das ‘der’ und setz als Schluß einen ‘Igel ohne gel’.

zu 6. Beruf:

Hier sind einige Tiere durcheinandergekommen. Ordne sie und

setze die unterstrichenen Buchstaben hintereinander, dann erfährst du meinen Beruf.

Beispiel: LESE = ESEL

KOLDRIKO = = – – – – – – – –

WÖLE = – = – –

EBENI = – – – = –

RISSENOH = – – – – – = – – –

GEILFE = – – – – – = –

Das gesuchte Wort heißt: – – – – –

zu 7. von Gott gegebene Eigenschaften:

____

Versuche folgenden Text zu entziffern:

AUFMEINENWUNSCHHINSPRACHGOTTINERSTER
KÖNIGEKAPITELDREIVERSZWÖLFZUMIRDOPPE
LPUNKTICHHABEGETANNACHDEINENWORTENUN
DDIREINWEISESUNDVERSTÄNDIGESHERZGEGE
BENPUNKT

zu 8. mein größtes Bauwerk:

Versuche, folgende Sprichwörter zu vervollständigen. Setze die fehlenden Vokale (A,E,I,O,U,Ä,Ö,Ü) an den richtigen Platz. Die unterstrichenen Buchstaben ergeben das gesuchte Wort.

Beispiel: LGNHBNKRZBN = LÜGEN HABEN KURZE BEINE

WRNDRNNGRBGRBTFLLTSLBSTHNN =

– =

– – – – – – = – – – – – – – – – – – – – .

HCHMTKMMTVRDMFLL =

– – – – = – – – – – – – – – – – – – = – – – – =

– – – P – –

zu 9. meine Verbrechen:

Die Antwort findest du, wenn du die folgenden Zeilen, die in griechischen Buchstaben geschrieben sind, in die üblichen Buchstaben umänderst:

μειvε φεϱβϱεχεν: γοετζενδιενστ,

μοϱδ, αουσβεουτουνγ

Das griechische Alphabet:

α - a	β - b	γ - g	δ - d
ε - e	ζ - z	η - ä	ϑ - th
ι - i	κ - k	λ - l	μ - m
ν - n	ξ - x	ο - o	π - p
ϱ - r	σ, ς - s	τ - t	υ - ü, y
χ - ch	ου - u	῾ - h	φ - f, ph, v

zu 10. Urteil Gottes:

Das Urteil Gottes über meine Vergehen findest du in 1. Könige – Kapitel ‘x’, Vers ‘x – y’.

‘y’ = ‘x’ +2

‘x’ = Zwölfminusachtplussechzigplussechzehnminusneunundsiebzigplusneunundneunzigminusdreiundsiebzigminussiebenminuszweiminuseinsplusdreiminusneun!

Die gesuchte Bibelstelle ist: 1. Könige . ., . . - . .

Und nun: Viel Spaß!

Wer bin ich?

Hallo,

Gestatten, mein Name ist

. . . .

Ihr wundert euch sicher, daß ich euch schreibe. Dieser Brief soll alle Leser warnen, von Gott wegzugehen, Gott ungehorsam zu sein, denn das geht nicht gut! Ihr könnt es mir glauben, denn ich habe es selbst schmerzlich erlebt.

Nun, ich will von Anfang an berichten: Es war zu der Zeit, als . . . . (1). In dem Städtchen . . . . (2) lebte mein Vater . . . . . . (3) und meine Mutter. Zunächst waren sie kinderlos, da meine Mutter . . . . (4) war. Eines Tages erschien ihr ein Engel Gottes. Der sagte ihr, daß sie einen Sohn bekommen würde.

Dieser Sohn sollte ein 'Nasiräer' sein, das heißt ein . . . . (5), deshalb durfte meine Mutter während der Schwangerschaft keinen Alkohol trinken und nur bestimmte Speisen essen.

Auch das Kind, also ich, sollte Gottes 'Vorschriften für Nasiräer' einhalten, das bedeutete: keinen Alkohol trinken, nur bestimmte Speisen essen, nicht die Haare schneiden lassen.

Als ich das Licht der Welt erblickte, nannten mich meine Eltern . . . . . ., das bedeutet ins Deutsche übersetzt '. . . . .' (6a) oder '. . . . .' (6b). In meiner Vaterstadt Zoar wuchs ich auf.

Gott, der Herr, berief mich zum . . . . (7). Ich sollte Israel aus der Hand der Philister befreien. Zur Ausführung meines Auftrages gab mir Gott die nötigen Gaben: Schlauheit und eine außergewöhnliche Kraft.

Eines Tages wanderte ich in die Stadt Timna. Dort sah ich ein .... (8), in das ich mich verliebte: 'Die muß meine Frau werden!'.

Bald waren Vater und Mutter überredet, und wir zogen gemeinsam nach Timna.

Unterwegs sprang mir plötzlich ein .... (9) entgegen. Ich zerriß ihn mit meinen Händen.

Während unserer Hochzeit, die sieben Tage dauerte, stellte ich den Gästen ein Rätsel. Selbst diese hochgebildeten Philister konnten es nicht lösen. Nur durch Betrug und Verrat kamen sie auf die Lösung. Zornig ging ich zu meinen Eltern zurück.

Meine Schwiegereltern dachten, ich käme nie mehr zurück, deshalb gaben sie meine Frau einem anderen. Als ich davon erfuhr, rächte ich mich furchtbar: Es war kurz vor der Ernte. Ich fing .... (10), band je eine brennende Fackel zwischen zwei Fuchsschwänze und ließ die Füchse in die reifen Getreidefelder rennen. Die gesamte Ernte der Philister verbrannte.

Dreitausend Mann verfolgten mich, um mich an die Philister auszuliefern. Ich ließ mich gefangennehmen. Sie fesselten mich mit zwei ... en ....c ... (11). Als sie mich den Philistern übergaben, zerriß ich meine Fesseln. Am Boden lag ein Knochen, es war ein ....-...... (12). Schnell hob ich ihn auf und erschlug damit tausend Feinde. So konnte ich nochmals entkommen.

Bald danach trat ich ganz tief ins Fettnäpfchen: Ich verliebte mich wieder in ein Philistermädchen. Sie hieß ...... (13).

Die Fürsten der Philister versprachen ihr viel Geld, wenn sie das Geheimnis meiner Riesenkräfte herausbekommen würde.

Scheinheilig fragte sie mich dreimal danach, dreimal konnte ich mein Geheimnis wahren, doch dann redete sie solange auf mich ein, bis ich es ihr sagte. In der Nacht, als ich schlief, schnitt sie mir meine Locken ab.

Damit war das an Gott gegebene Versprechen gebrochen und die von Gott geschenkten Riesenkräfte verließen mich.

Für die Philister war es nun ein Kinderspiel, mich mit Ketten zu fesseln, mir die Augen auszustechen und mich ins Gefängnis zu werfen. Dort mußte ich einen Mühlstein drehen.

Das war die schreckliche, aber gerechte Strafe für meinen Ungehorsam gegen Gott.

Eines Tages wurde ein großes Fest gefeiert und ungefähr dreitausend Gäste dazu eingeladen. Dabei kam man auf die Idee, mich als Festattraktion vorzuführen, und ich wurde geholt.

Im Verlauf des Abends gelang es mir, die zwei Säulen, die das Hauptgewicht des Gebäudes trugen, zu ertasten. Als ich zwischen ihnen stand, betete ich zu Gott: "Herr, denke an mich und gib mir noch einmal meine Kraft zurück. Bitte, Gott, nur dieses eine Mal, damit ich mich an den Philistern rächen kann!"

Gott erhörte mein Gebet und gab mir meine Kraft zurück. Ich drückte die Säulen auseinander. Das Haus fiel ein und begrub alle. Alle starben, ich mit.

Laßt euch mein unrühmliches Ende eine Warnung sein für das, was geschehen kann, wenn man Gott ungehorsam ist.

Es grüßt Euch ......

PS: Wenn ihr meine Lebensgeschichte ausführlicher nachlesen wollt, dann lest im Buch der .... (14) Kapitel 13 bis 16 nach.

zu 1.: Streiche die überflüssigen Buchstaben:

XEYDIEXYZPHILISTERQAXEYXÜBERÄKFTDYX
XYQISRAELVGHFDTZTXCFTRWQHERRSCHTENZ

zu 2.: Suche die Länder zu folgenden Hauptstädten. Nimm den ersten Buchstaben. (ö = oe).

Kinshasa: [_] _ _ _ _

Wien: [_] _ _ _ _ _ _ _ _ _ _

Canberra: [_] _ _ _ _ _ _ _ _ _

Bukarest: [_] _ _ _ _ _ _ _

zu 3.: Ordne die Buchstaben!

= _ _ _ _ _ _ _

zu 4.: Trage das Ergebnis folgender Fragen hier ein:

_ _ _ _ _ _ _ _ _ _ _ _

Ein ‘Huhn’ ohne ‘h’!
Was kann man von vielen Bäumen essen?
In welcher Einheit wird der Luftdruck gemessen?

zu 5.: Setze Vokale ein! (insgesamt 5)

GTTGWHTR = G_ _ _ _ _ _ _ _ _ _ _ _ _

zu 6.: Verfolge die Buchstabenlinie!

6a _ _ _ _ _ _
_ _ _ _ _

6b _ _ _ _ _ _ -
_ _ _ _

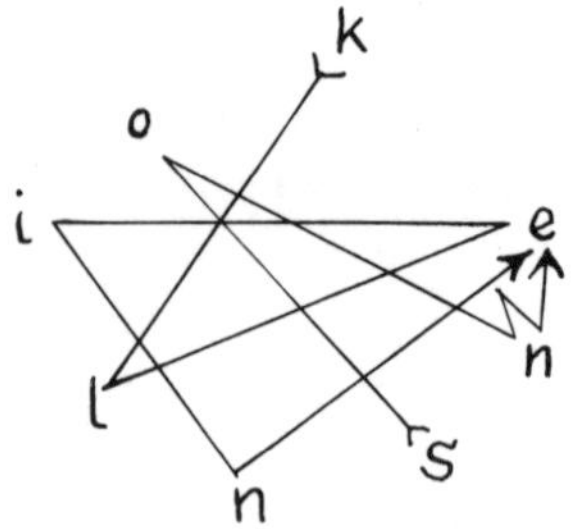

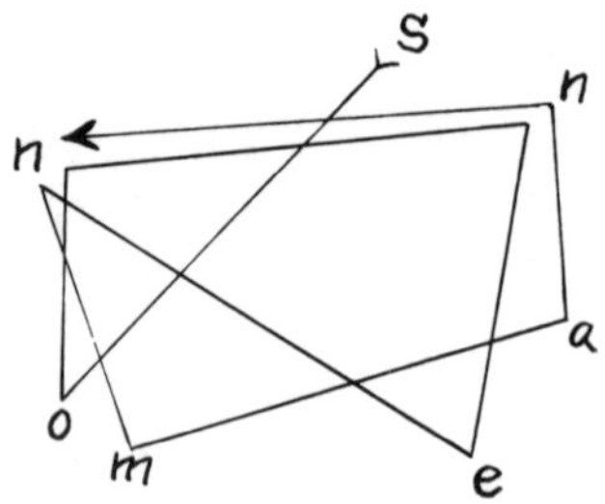

zu 7.: Löse das Bildrätsel! _ _ _ _ _ _ _ _

zu 8.: Setze die Anfangsbuchstaben hintereinander!

Peter hielt in Leipzig in seiner Tasche ein Radio mit Antenne, das christliche Haussendungen empfing.

_ _ _ _ _ _ _ _ _ _ _ _ _ _ _ _ _ n

zu 9.: Ordne die Buchstaben in die richtige Reihenfolge! (ö = oe, ü = ue).

rollende Welbeuer = b _ _ _ _ _ _ _ _ _ _ _ L _ _ _ _

zu 10.: Zuerst wird eine Zahl gesucht!
Addiere die Lösungen:

Wie viele Verse hat Psalm 119?	______
Anzahl der biblischen Bücher?	+ ______
Anzahl der Jünger Jesu?	+ ______
Anzahl der Schöpfungstage?	+ ______
Wie viele Silberlinge bekam Judas?	+ ______
Wie viele Gebote gab Gott Israel?	+ ______
Gesucht: 'Hundeartiges' Tier (Plural)?	______

_ _ _ _ _ _

zu 11.: Löse folgende Rätsel!

Gegenteil von 'alt': _ _ _

Bildrätsel: _ _ _ _ C _ _ _

zu 12.: Suche das Kfz-Kennzeichen!

1. Esslingen: _ _
2. Emsland/Meppen: _ _
3. Stuttgart: _
4. Köln: _
5. Ingoldstadt: _ _
6. Nürnberg: _
7. Bamberg: _ _
8. Kempten/Allgäu: _ _

Das gesuchte Wort heißt:

_ _ _ _ _ _ _ _ _ _ _ _ C _ _ N
_
_

zu 13.: Ordne folgende Buchstaben!

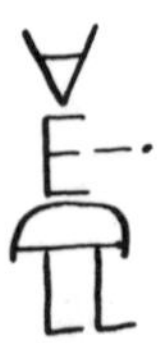

= _ _ _ _ _ _

zu 14.: Suche die Nationalitätskennzeichen!

Schweiz: _ _
Griechenland: ∠ _
Spanien: _
Thailand: _
Mauretanien: _ _ ∠

Lösungswort: _ _ _ _ _ _ _

(Die ∠ Buchstaben werden nicht benötigt!)

Und nun: Viel Freude und Geduld!

Fragezeichen

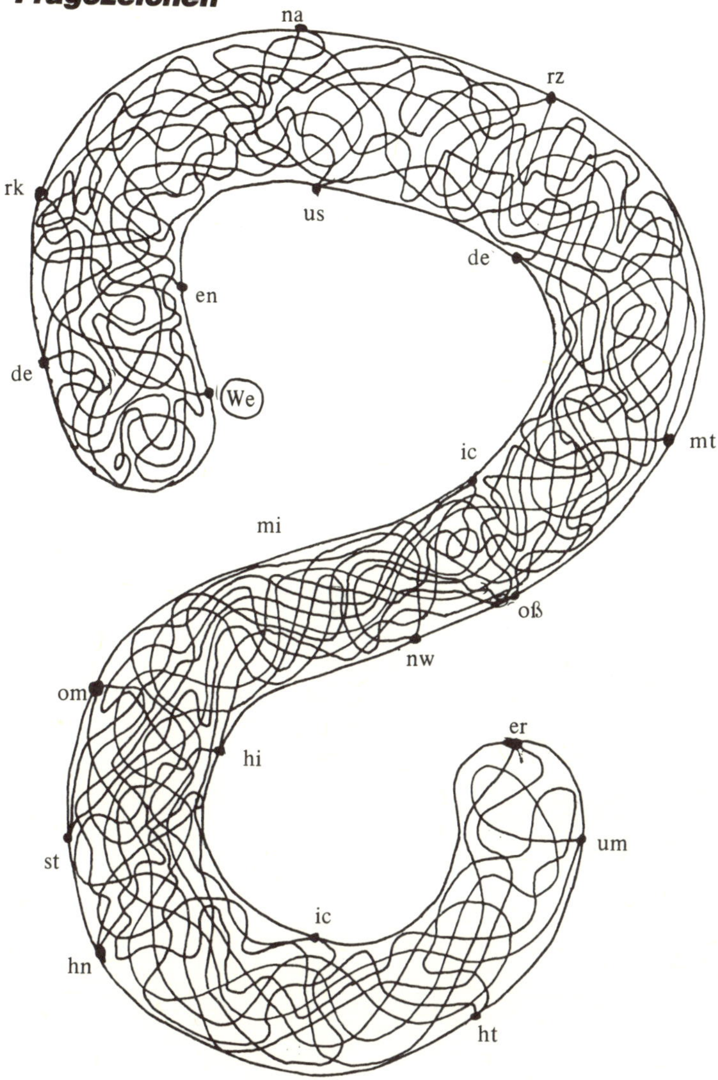

Fange mit der eingekreisten Silbe an und verfolge die Spur. Paß auf und verlier sie nicht!

Johannes

–, ––

———————————————————————

Dieser Vers ist eine Aussage Jesu. Er versichert uns, daß jeder Mensch an ihn glauben kann.

Jesus wird keinen ____________.

(Ergänze aus dem Bibelvers ein Wort, das den Satz sinnvoll vervollständigt.)

Welcher Ausspruch gehört zu welcher Person?

Teil 1

Welcher Ausspruch gehört zu welcher Person?

Teil 2

1. Tut Buße, denn das Himmelreich ist nahe herbeigekommen! (Matth. 3, 2)

a. Stephanus

2. Ach nein, Herr! (1. Mose 19, 18)

b. Pilatus

3. Herr Jesus, nimm meinen Geist auf! (Apg. 7, 58)

c. Jakob

4. Herr, wer bist du? (Apg. 9, 5a)

d. Hohepriester

5. Rede, denn dein Knecht hört. (1. Sam. 3, 10)

e. Gamaliel

6. Bin ich denn ein Hund, daß du mit Stecken zu mir kommst? (1. Sam. 3, 10)

f. Johannes d. Täufer

7. Was ist Wahrheit? (Joh. 18, 38a)

g. Samuel

8. Ich aber komme zu dir im Namen des Herrn Zebaoth. (1. Sam. 17, 45b)

h. Goliath

9. Herr, ich bin zu gering aller Barmherzigkeit und aller Treue, die du an deinem Knechte getan hast. (1. Mose 32, 11a)

i. Lot

10. Ich beschwöre dich bei dem lebendigen Gott, daß du uns sagest, ob du seist der Christus, der Sohn Gottes. (Matth. 26, 63)

k. Petrus

11. Ich weiß nicht, was du sagst. (Matth. 26, 70)

l. David

12. Ist der Rat oder das Werk aus Menschen, so wird's untergehen. (Apg. 5, 38b)

m. Saulus

Wie heiße ich?

1. Ich bin Finanzminister einer Königin. Vom fernen Land kam ich nach Jerusalem um anzubeten. Getauft wurde ich von Philippus.
   Ich bin der: _______________

2. Ich bin der Neffe der Mutter Jesu. Drei Briefe, ein Evangelium und ein prophetisches Buch kannst du in der Bibel von mir finden. Ich bin der Jünger, den Jesus liebhatte.
   Ich heiße: _______________

3. Ich bin der Enkel des Isai. Einen Wunsch hatte ich frei bei Gott. Ich baute den Tempel.
   Ich heiße: _______________

4. Hanani, so lautet der Name meines Bruders. Ich bin Mundschenk des Königs. Die Mauer Jerusalems wurde unter meiner Regie neu aufgebaut.
   Ich heiße: _______________

5. Meine Cousine ist die Mutter Jesu. Mein Mann ist Priester. Mein Sohn ist der Vorbote des Messias!
   Ich heiße: _______________

6. Ich bin Begleiter des Paulus. Mein Beruf ist: Arzt. Ich schrieb ein Evangelium und die Apostelgeschichte.
   Ich heiße: _______________

7. Ich war Königin von Persien. Meinem Mann gehorchte ich nicht. Deshalb wurde ich abgesetzt.
   Mein Name ist: _______________

8. Ich bin ein israelitischer Thronfolger. Der Feind meines Vaters ist mein Freund! In einer Schlacht gegen die Philister falle ich.
   Mein Name ist: _______________

9. In Thisbe bin ich geboren. Ich lebte zur Zeit von Ahab und Isebel. Ich kämpfte gegen die Baals- und Ascherapriester.
Mein Name ist: _______________

10. In Ägypten bin ich geboren. Zusammen mit meinem Bruder verhandelte ich mit Pharao. Ich bin der erste Hohepriester.
Mein Name ist: _______________

11. Vor Gott flehte ich um ein Kind, denn ich war unfruchtbar. Der Priester in der Stiftshütte hielt mich für betrunken. Gott erhörte mein Gebet. Mein Sohn wurde Priester.
Mein Name ist: _______________

12. Mein Vater heißt Haran. Mit meinem Onkel zog ich aus. Als ich gefangen war, befreite mich mein Onkel aus der Hand der Könige.
Mein Name ist: _______________

13. Ich bin der letzte König der Juden. Nebukadnezar setzte mich ein. Im Vertrauen auf Ägypten falle ich von ihm ab. Auf der Flucht werde ich gefangen. Nachdem ich die Hinrichtung meiner Kinder gesehen habe, nimmt man mir das Augenlicht. Ich bin der Oheim Jojachins und mein ursprünglicher Name ist Matthanja. (Jer. 38; 2. Kön. 24)
Mein Name ist: _______________

14. Ich bin Hauptmann der italienischen Kohorte in Cäsarea. Ich glaube an den Gott der Juden. Mein Gebet wird erhört. Petrus predigt uns das Evangelium. Ich lasse mich von ihm taufen.
Mein Name ist: _______________

Männer der Bibel

Löse die folgenden Fragen! Wenn du dann die Anfangsbuchstaben der Lösungsworte herunterliest, erhältst du das Lösungswort.

Prophet zur Zeit Hiskias (2. Könige)	_ _ _ _ _ _
Mann der Bathseba (2. Samuel)	_ _ _ _
Er kämpfte mit 300 Mann gegen die Midianiter	_ _ _ _ _ _
Er wurde von Raben versorgt	_ _ _ _
Er überlebte die Sintflut (1. Mose)	_ _ _ _
Er wurde in die Löwengrube geworfen	_ _ _ _ _ _
Schreiber des Jeremia	_ _ _ _ _ _
König, zu dessen Zeit Jesaja berufen wurde	_ _ _ _
Er baute die Stadtmauer Jerusalems wieder auf	_ _ _ _ _ _ _
Dichter des 23. Psalmes	_ _ _ _ _

Das Lösungswort lautet: _ _ _ _ _ _ _ _ _ _

Frauen der Bibel

Die Anfangsbuchstaben der gesuchten Frauennamen ergeben das Lösungswort!

1. Teil

Frau des Vaters von Samuel (1. Sam.)	_ _ _ _ _ _ _
Frau des Philemon in Kolossä (Phil. 12)	_ _ _ _ _

Frau, die ihren Hausgötzen heimlich mit auf die Reise nahm (1. Mose) _ _ _ _ _

Onams Mutter (1. Chron.) _ _ _ _ _

Christin in Athen (Apostelg.) _ _ _ _ _ _ _

Götzendienerische Königin in Israel _ _ _ _ _ _

Frau des Zacharias _ _ _ _ _ _ _ _ _

Mutter Isaaks _ _ _ _ _

Lösungswort: _ _ _ _ _ _ _ _

2. Teil

Nebenfrau Kalebs (1. Chron.) _ _ _ _ _ _ _ _

Frau Esaus (1. Mose) _ _ _ _ _ _ _ _ _

Frau, deren Gesinde (Knechte und Mägde) Paulus über die Nöte in Korinth informierte _ _ _ _ _

Frau, die ihren Sohn dem Herrn versprach _ _ _ _ _

Frau, die die Juden vor Vernichtung bewahrte _ _ _ _ _ _

Mutter von Dan und Naphtali (1. Mose) _ _ _ _ _

Frau eines stummen Priesters (Lukas) _ _ _ _ _ _ _ _ _

Frau, die in den Krieg zog und siegte (Richter) _ _ _ _ _ _

Das Lösungswort ist ein Frauenname aus dem Alten Testament. Wie hießen der Mann und die Kinder der Frau?

Name der Frau: _ _ _ _ _ _ _ _

Name des Mannes: _ _ _ _ _

Namen der Kinder: _ _ _ _ _ _ _ _ _ _ _ _ _ _ _

Wenn du es nicht herausbekommst, schlag mal 4. Mose 26 auf. Dort findest du die Lösung.

Beruferaten

Durch geschicktes Umsetzen der Buchstaben erhältst du den Beruf der einzelnen Leute. Die eingesetzten Buchstaben sollen eine kleine Hilfe sein.

1. Roger Heissfoto, Olpe

   T _ _ _ _ _ _ _ _ _ _ _ _ _ _ _ _ _ _ R

2. Wulf Streckl, Ehingen

   E _ _ _ _ _ _ _ _ _ _ _ _ _ _ _ _ _ _ R

3. Reiner Wedd, Prag

   W _ _ D _ _ P _ _ _ _ _ _ _ R

4. Dirk Steinossi, Rom

   M _ _ _ _ _ N _ _ _ _ _ _ _ _ _ _ R

5. Detlev Jeggis, Unna

   J _ _ _ _ _ D E _ _ _ _ _ _ _ _ _ _ T

6. Resi Rill, Oehringen

   R _ _ _ _ _ _ O N _ _ _ _ _ _ _ _ _ _ N

7. Ingo Edika, Emden

   G _ _ _ _ _ _ _ _ D _ _ _ _ _ N

8. Karl Kneper, Genf

   K _ _ _ _ _ _ N _ _ _ _ _ _ _ R

Ein Beispiel, wie ihr vorzugehen habt beim Lösen:

DIETER VIEDISNEST, INZELL

Z I V I L D I E N S T L E I S T E N D E R

Verlier nicht den Mut! Viel Spaß!

Bibelquiz in Zahlen

1. Anzahl der Kapitel des 1. Buches Mose : Steine, die David beim Kampf gegen Goliath einsteckte x Tage, die Jona im Bauch des Fisches verbrachte + Anzahl der Söhne Jakobs : Anzahl der Regierungsjahre des David in Hebron = _____

2. Tage zwischen Ostern und Pfingsten x Anzahl der Jünger : Kapitel des Judasbriefes : Anzahl der Söhne Josephs - Anzahl der biblischen Bücher (AT + NT) + Anzahl der Männer, die Abraham zur Befreiung Lots mitnahm : Jünger, die bei der Verklärung dabei waren - Plagen in Ägypten = _____

3. Kapitel des Markusevangeliums + Schöpfungstage (mit Ruhetag) x Emmausjünger + Psalmen + Anzahl der „großen“ Propheten - Anzahl der Silberlinge, für die Judas Jesus verriet : Spione in Jericho = _____

4. Söhne Moses x Gebote Gottes + Jünger, die Jesus ausschickte (Luk. 10) - Jahre des Volkes Israel in der Wüste x Versuchungen Jesu : Bücher des Mose + Kapitel des Jesaja - Kapitel, in dem der Sündenfall berichtet wird : Kapitel des Buches der Sprüche = _____

Abkürzungen

Mo	=	Mose
Sa	=	Samuel
Ps	=	Psalm
Jes	=	Jesaja
Jer	=	Jeremia
Hes	=	Hesekiel
Dan	=	Daniel
Hos	=	Hosea
Amos	=	Amos
Mt	=	Matthäusevangelium
Mk	=	Markusevangelium
Lk	=	Lukasevangelium
Joh	=	Johannesevangelium
Apg	=	Apostelgeschichte
Rö	=	Römerbrief
Kor	=	Korintherbrief
Ga	=	Galaterbrief
Eph	=	Epheserbrief
Phil	=	Philipperbrief
Kol	=	Kolosserbrief
Thes	=	Thessalonicherbrief
Ti	=	Timotheusbrief
Tit	=	Titusbrief
1. Joh	=	Johannesbrief
Petr	=	Petrusbrief
Hebr	=	Hebräerbrief
Jak	=	Jakobusbrief
Offb	=	Offenbarung

Lösungen

Seite 11–12
Knäuel:
Mir ist gegeben alle Gewalt im Himmel und auf Erden. Darum gehet hin und machet zu Jüngern alle Völker: taufet sie auf den Namen des Vaters und des Sohnes und des Heiligen Geistes und lehret sie halten alles, was ich euch befohlen habe. Und siehe, ich bin bei euch alle Tage bis an der Welt Ende (Mt 28, 18-20).

Seite 13
Die ersten Missionare der Christenheit:

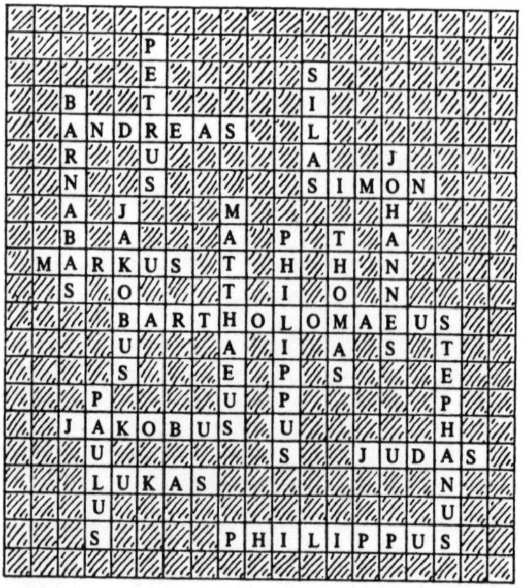

A = 25	H = 22	L = 6	O = 29	S = 1
B = 20	I = 18	M = 15	P = 2	T = 4
D = 33	J = 12	N = 17	R = 7	U = 5
E = 31	K = 8			

Seite 14

Allererste christliche Gemeinde: Jerusalem

Seite 15
Mitarbeiter des Apostels Paulus:

A	L	P	E	R	S	O	X	D	E	M	A	S	I	L
K	R	F	T	W	K	R	S	U	P	E	R	I	L	A
T	Z	J	O	A	R	I	S	T	A	R	C	H	U	S
L	E	A	X	T	L	V	Y	U	P	M	U	T	I	G
U	R	S	P	V	R	C	I	N	H	G	O	L	D	E
C	E	Q	A	R	H	T	B	E	R	U	A	S	W	B
I	N	N	D	I	E	I	R	I	A	S	A	L	A	T
U	U	S	K	L	E	M	E	N	S	U	F	A	I	F
S	A	U	L	U	S	O	A	S	E	N	L	T	D	D
C	S	R	H	A	T	T	E	R	R	A	U	R	B	S
L	O	B	S	A	C	H	T	I	K	S	K	O	A	R
M	A	A	T	P	Q	E	V	E	S	U	A	A	R	E
S	A	N	D	R	E	U	I	G	R	A	S	E	N	D
L	O	B	O	I	C	S	I	L	I	T	I	T	A	N
M	U	N	D	S	Q	U	A	L	S	H	I	I	B	R
K	R	E	C	K	C	L	E	O	A	T	R	U	A	S
Z	U	E	P	A	P	H	R	O	D	I	T	U	S	M

Seite 16
Politiker der neutestamentlichen Zeit:

1. Augustus
2. Tiberius
3. Claudius
4. Herodes
5. Agrippa
6. Philippus
7. Festus
8. Felix
9. Pilatus

Seite 17
Personen der jungen Christenheit:

1. Simon
2. Ananias und Saphira
3. Rhode
4. Matthias
5. Äneas
6. Tabea
7. Ananias

Seite 18–19
1. Missionsreise:

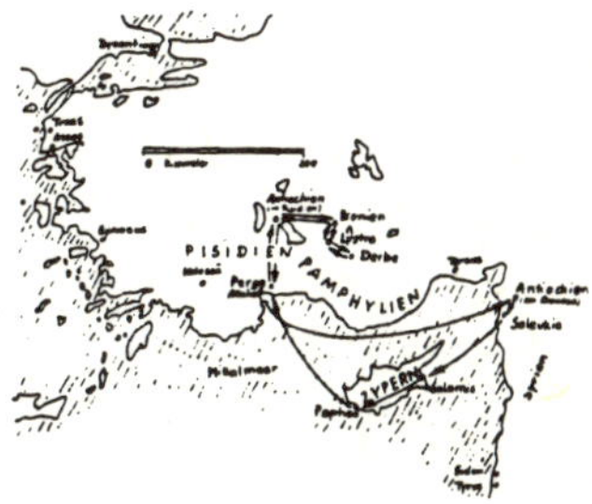

Seite 20–21
2. Missionsreise:

Städte:
Antiochien, Derbe, Lystra, Troas, Neapolis, Philippi, Amphipolis, Apollonia, Thessalonich, Beroea, Athen, Korinth, Kenchraea, Ephesus, Caesarea, Jerusalem.

Landschaften:
Syrien, Cilicien, Pisidien, Phrygien, Galatien, Bithynien, Mysien, Mazedonien, Achaja, Asia, Samaria, Judaea.

Seite 22
3. Missionsreise:

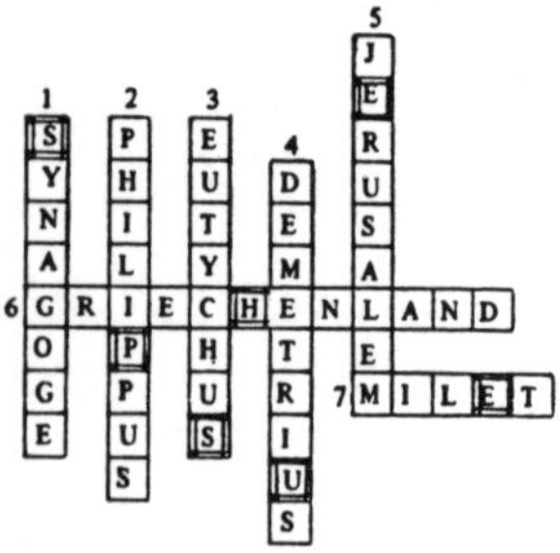

Arbeitsschwerpunkt:
Ephesus

Seite 23–24
Romreise:
Bild 1: Überführung nach Cäsarea
Bild 2: Vor Festus und Agrippa
Bild 3: Seesturm
Bild 4: Schiffbruch
Bild 5: Schlangenbiß auf Malta
Bild 6: Gefangenschaft in Rom

Seite 25–26
Knäuel:
Da sprach Jesus abermals zu ihnen: Friede sei mit euch! Gleichwie mich der Vater gesandt hat, so sende ich euch (Joh 20, 21).

Seite 27–30
Lebenslauf: Paulus
1. Tarsus
2. Cilicien
3. Benjamin
4. Zelt – Mach(t) – (Me)er
5. Jerusalem
6. Gamaliel
7. Hoherpriester
8. Damaskus
9. Jesus Christus
10. Hand=t – D=iolch – Biene = Antiochien
11. a) Kidron b) Tiberias c) Totes Meer d) Genezareth = Heidenmission
12. Freundliche Aufnahme und heftige Ablehnung
13. Geld – Elefant – H=genne – Nas=he – Kamm=e = Gefangennahme
14. Berufung auf den Kaiser
15. Kornelius – Simon – Maria = Rom

Seite 31–32
Steckbrief: Timotheus
1. Lystra (Apg 16, 1)
2. Grieche (Apg 16, 1)
3. Eunike (2. Ti 1, 5)
4. Elisabeth – Debora – Mirjam – Sara = Lois (2. Ti 1, 5)
5. Pf=rerd – Tiger = Prediger (2. Ti 4, 5)
6. Paulus (Apg 16, 3)
7. a) Korinth (1. Kor 4, 17) b) Ephesus (1. Ti 1, 3)
8. Angeschlagene Gesundheit (1. Ti 5, 23)
9. Gefangenschaft (Hebr 13, 23)

Seite 33–34
Knäuel:
Denn ich schäme mich des Evangeliums von Christus nicht; denn es ist eine Kraft Gottes, die da selig macht alle, die daran glauben, die Juden vornehmlich und auch die Griechen (Rö 1, 16).

Seite 35
Evangelium:
= Frohe Botschaft

Seite 36–38
Zentralverse:

Teil A:
1. Lamm, 2. Dorn, 3. Neid, 4. nimm, 5. Buch, 6. Nebukadnezar, 7. meidet, 8. Schwert, 9. Wunder, 10. Teich, 11. David, 12. geh hin.
Lösung: Ich bin der Weg, die Wahrheit und das Leben; niemand kommt zum Vater denn durch mich (Joh 14, 6).

Teil B:
1. Spiegelschrift:
Siehe, ich stehe vor der Tür und klopfe an. So jemand meine Stimme hören wird und die Tür auftun, zu dem werde ich eingehen und das Abendmahl mit ihm halten und er mit mir (Offb 3, 20).

2. Blindenschrift:
Darin ist erschienen die Liebe Gottes unter uns, daß Gott seinen eingebornen Sohn gesandt hat in die Welt, daß wir durch ihn leben sollen (1. Joh 4, 9).

3. Strichschrift:
Wer an den Sohn glaubt, der hat das ewige Leben. Wer dem Sohn nicht glaubt, der wird das Leben nicht sehen, sondern der Zorn Gottes bleibt über ihm (Joh 3, 36).

Teil C:
1. Schlacht, 2. Schild, 3. Wiesel, 4. nieder, 5. blind, 6. Trost, 7. Stern, 8. Griff, 9. Witwe, 10. Henne, 11. renne, 12. Linse, 13. Wind, 14. Rind, 15. Bach, 16. Dachs, 17. Bild, 18. Wand, 19. Rand, 20. Mord, 21. Tier.
Lösung: Ich bin das Licht der Welt. Wer mir nachfolgt, der wird nicht wandeln in der Finsternis, sondern wird das Licht des Lebens haben (Joh 8, 12).

Seite 39–40
Knäuel:
Ihr werdet aber die Kraft des Heiligen Geistes empfangen, welcher auf euch kommen wird, und werdet meine Zeugen sein zu Jerusalem und in ganz Judäa und Samarien und bis an das Ende der Erde (Apg 1, 8).

Seite 41–42
Biblische Fragen:

Teil 1: Heilsweg
1. Schlange bzw. Satan
2. Vertreibung aus dem Paradies
3. Jeder Mensch
4. Gebote
5. Ewige Verdammnis
6. Ja; siehe Joh 14, 6
7. Liebe zu den Verlorenen
8. Für die Sünde der ganzen Menschheit
9. Der, der an Jesus glaubt
10. Durch ein Sündenbekenntnis vor Gott und die Bitte um Vergebung
11. Durch Übereignung des eigenen Lebens an Jesus Christus
12. Gebet
13. Wie mit einem Menschen
14. Ja; siehe 1. Joh 5, 12.13

Teil II: Mission
1. Mt 28, 18-20
2. Rom
3. Thessalonich
4. Klaudius
5. Galater
6. Kreta
7. Antiochien
8. Lystra
9. Jerusalem
10. Troas
11. Sie forschten in der Schrift
12. Epikureer und Stoiker
13. Ephesus
14. Agabus
15. Tempelentweihung
16. Neffe
17. Cäsarea
18. 276

Seite 43–44
Aussprüche und Personen:
Teil A: 1/C, 2/H, 3/E, 4/A, 5/G, 6/D, 7/F, 8/B.
Teil B: 1/C, 2/D, 3/F, 4/H, 5/A, 6/E, 7/G, 8/B.

Seite 45
Mission im Alten Testament:
Richtige Reihenfolge: 6 – 3 – 7 – 8 – 2 – 5 – 4 – 1

Seite 46
Korrespondenz des Paulus:

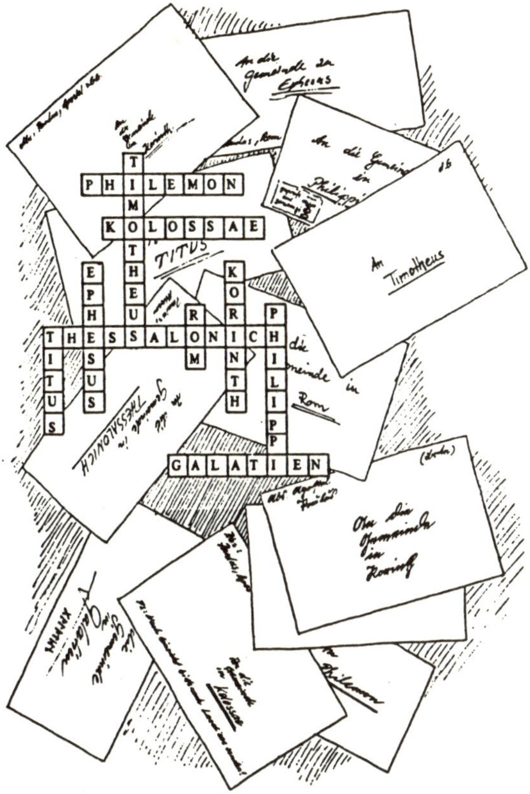

Seite 47–48
Wie heiße ich?

A. Verkündiger:
1. Philippus, 2. Stephanus, 3. Barnabas, 4. Jakobus, 5. Markus, 6. Johannes der Täufer, 7. Jesaja, 8. Apollos.

B. Hörer:
1. Simon der Zauberer, 2. Lydia, 34. Sergius Paulus, 4. Kerkermeister von Philippi, 5. Klaudius Lysias, 6. Drusilla, 7. Bernice, 8. Publius.

Seite 49–50
Was steht wo?

1. a), 2. a), 3. c), 4. b), 5. a), 6. c), 7. a), 8. b), 9. a), 10. a), 11. b), 12. b), 13. a), 14. c), 15. a), 16. a).

Seite 53–54
Fragezeichen: Epheser 6,16:
Vor allen Dingen aber ergreifet den Schild des Glaubens, mit welchem ihr auslöschen könnt alle feurigen Pfeile des Bösen.

Seite 55
Zahlenkreuzworträtsel A

L 6	E 4	I 1	D 10		N 15	E 4		S 9	E 4	G 8	E 4	N 15
A 7	L 6	I 1		B 5	I 1	L 6	H 14	A 7		O 2	E 4	L 6
H 14	I 1			E 4	L 6	I 1	A 7		A 7	M 11		
M 11		R 3	A 7	T 17			G 8	O 2	S 9	E 4	N 15	
	R 3	E 4	B 5	E 4	K 12	K 12	A 7			R 3	A 7	T 17
F 16	E 4	G 8	E 4		A 7		R 3	O 2	M 11		M 11	
E 4	D 10	E 4	N 15		N 15				O 2	B 5	E 4	D 10
L 6	A 7	N 15	D 10		A 7	L 6	M 11	O 2	S 9	E 4	N 15	
L 6				L 6	A 7	U 13		S 9	E 4	I 1		
E 4	N 15	G 8	E 4		N 15	E 4	S 9	T 17		N 15	I 1	E 4
						G 8						
						E 4						

A = 7	F = 16	K = 12	O = 2	S = 9	W = –
B = 5	G = 8	L = 6	P = –	T = 17	X = –
C = –	H = 14	M = 11	Q = –	U = 13	Y = –
D = 10	I = 1	N = 15	R = 3	V = –	Z = –
E = 4	J = –				

Seite 56
Zahlenkreuzworträtsel B

					L 12	E 14	A 11		I 17	S 2	A 11	A 11	K 18
N 4	E 14	B 7	U 8	K 18	A 11	D 3	N 4	E 14	Z 6	A 11	R 16		
E 14	V 19	A 11		A 11				D 3	O 10	C 15	H 5		
B 7	A 11		G 9	L 12	A 11	U 8	B 7	E 14		H 5			
O 10		L 12	I 17	E 14	B 7	E 14		N 4	O 10	A 11	H 5		
	E 14	I 17		B 7	E 14	T 13	E 14		E 14	R 16		B 7	
	S 2	C 15	H 5		L 12			E 14	L 12	I 17	S 2	A 11	
S 2	C 15	H 5	A 11	R 16		D 3	A 11	S 2		A 11	I 17	B 7	
O 10	H 5	T 13		U 8	R 16	I 17	A 11		E 14		S 2	E 14	
N 4	E 14		S 2	T 13	A 11	R 16		B 7	I 17	B 7	E 14	L 12	
N 4				H 5	B 7		E 14	N 4	D 3	O 10	R 16		
E 14	L 12	I 17	A 11		E 14	I 17	D 3			A 11	A 11	S 2	
	A 11	A 11	R 16	O 10	N 4		J 1	O 10	A 11	S 2		O 10	

A = 11 B = 7 C = 15 D = 3 E = 14 F = – G = 9 H = 5 I = 17 J = 1
K = 18 L = 12 M = – N = 4 O = 10 P = – Q = – R = 16 S = 2 T = 13
U = 8 V = 19 W = – X = – Y = – Z = 6

Seite 57
Gitternetze

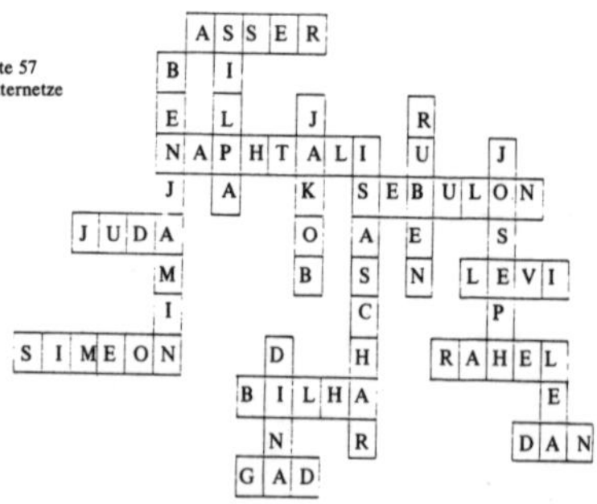

Seite 58
Gitternetze

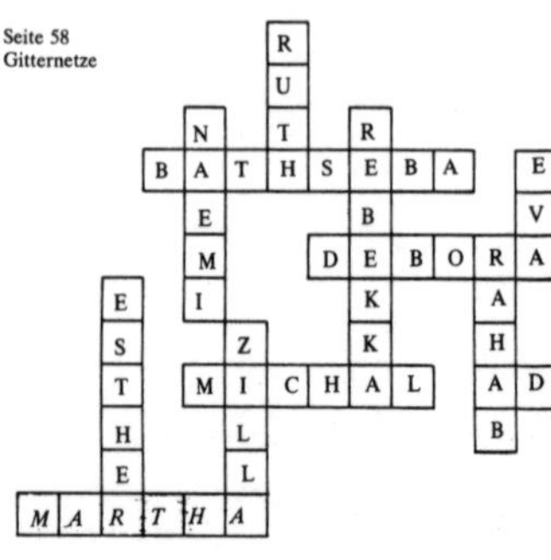

Seite 59
Gitternetze

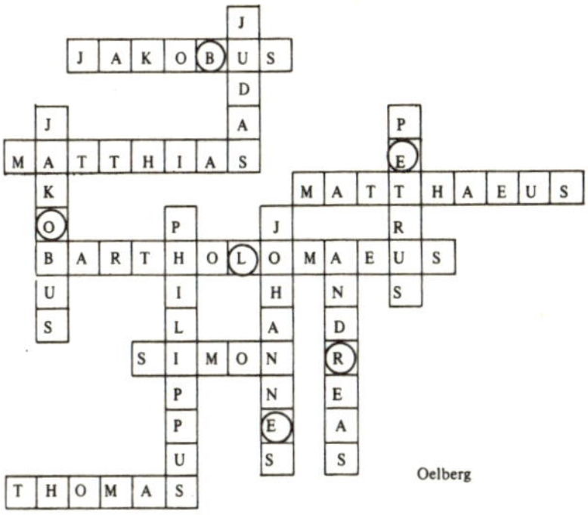

Oelberg

Seite 63
Versteckspiel – Biblische Begriffspaare

Boas-Ruth
Goliath-David
Jünger-Jesus
Adam-Eva
Bileam-Barak
Arzt-Lukas
Isaak-Abraham
Kain-Abel
Jona-Ninive
Paulus-Tarsus

Seite 60
Städteraten

Ruth 1, 1: Bethlehem
Jesaja 39, 6: Babel
Richter 9, 50: Tebez
Josua 16, 1: Jericho
Offenbarung 3, 1: Sardes
Kolosser 1, 2: Kolossä
Johannes 6, 1: Tiberias
Philipper 1, 1: Philippi
Lukas 7, 11: Nain
Sacharja 8, 3: Jerusalem
Jona 3, 2: Ninive
Römer 1, 7: Rom
Jeremia 1, 1: Anathoth
Hesekiel 28, 21: Sidon
Markus 14, 3: Bethanien
Hosea 6, 8: Gilead
Amos 1, 10: Tyrus

Seite 61
Buchstabenbilder

1. Salomo; 2. Saul; 3. Hiskia; 4. Manasse; 5. Absalom; 6. Melchisedek; 7. Nebukadnezar.

Seite 62
Scherben

I.

II.

Seite 64
Versteckspiel –

Bücher des Alten Testaments

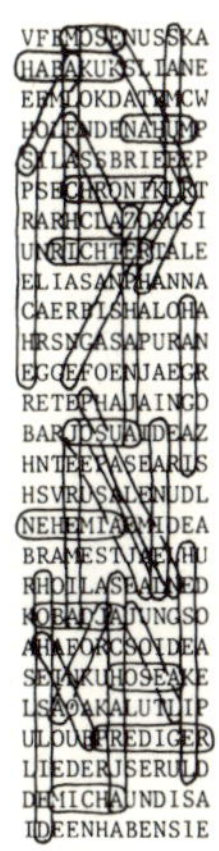

Seite 65
Versteckspiel –

Bücher des Neuen Testaments

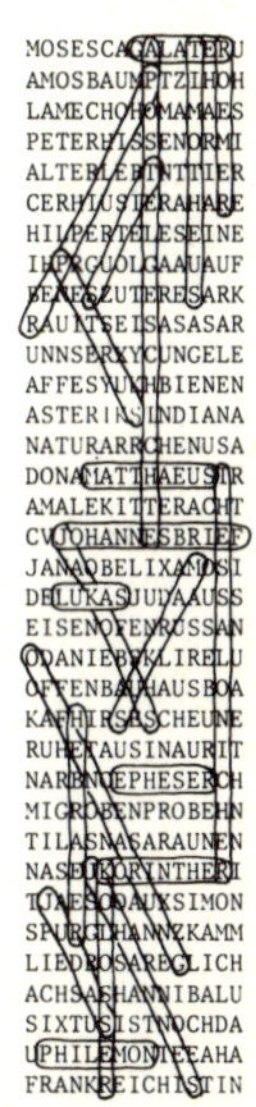

Seite 66–68
Wortsalat

1. Kurt-Peter-Thomas : Petrus
2. Renate-Tabea-Gerlinde : Galater
3. Japan-Amerika-England : Jeremia
4. Birne-Bohne-Melone-Kirsche : Hesekiel
5. Jasmin-Oleander-Holunder : Josua
6. Rose-Fichte-Flieder : Richter
7. Maus-Känguruh-Blattlaus : Matthäus
8. Oslo-Athen-Madrid-Bukarest-Stockholm : Thessalonicher
9. Lärche-Birke-Kirschbaum : Hebräer
10. H-AA-KU-K-B : Habakuk
11. Chrysopras-Amethyst-Hyazinth-Beryll : Maleachi
12. Mohikaner-Huronen-Navajos-Sioux : Johannes

Seite 69–70
Codes

1. A = 26 B = 25 C = 24 D = 23 ...
   Gott ist und bleibt getreu
2. A = F B = G C = H D = I ...
   Der Herr ist mein Hirte
3. A = C B = D C = E D = F ...
   Seid reichlich dankbar
4. Also hat Gott die Welt geliebt, daß er seinen eingeborenen Sohn gab, auf daß alle, die an ihn glauben, nicht verloren werden, sondern das ewige Leben haben.
5. A = B = C = D = ... K =
   Johannes 11, 25 + 26
   Jesus spricht:
   Ich bin die Auferstehung und das Leben. Wer an mich glaubt, der wird leben, ob er gleich stürbe; und wer da lebet und glaubet an mich, der wird nimmermehr sterben.
   Johannes 15, 5:
   Ich bin der Weinstock, ihr seid die Reben. Wer in mir bleibt und ich in ihm, der bringt viel Frucht; denn ohne mich könnt ihr nichts tun.

Seite 71–72
Fragezeichen

Psalm 50, 15:
Rufe mich an in der Not, so will ich dich erretten, und du sollst mich preisen.

Seite 73–76
Gesucht

1. Jerusalem
2. Israelit
3. David
4. Bathseba (Bartimäus/Paulus/Petrus/Matthäus/Lukas/Timotheus/Jakobus/Judas)
5. Isai
6. König (Krokodil/Löwe/Biene/Hornisse/Fliege)
7. Auf meinen Wunsch hin sprach Gott in 1. Könige 3, 12 zu mir: Ich habe getan nach deinen Worten und dir ein WEISES und VERSTÄNDIGES HERZ gegeben.
8. Tempel (Wer andern eine Grube gräbt, fällt selbst hinein/Hochmut kommt vor dem Fall)
9. Mord, Ausbeutung, Götzendienst
10. 1. Könige 11, 11-13: Ich will das Königtum von dir reißen.

Seite 77–82
Wer bin ich

1. die Philister über
   Israel herrschten
2. Zaire (Kinshasa),
   Oesterreich (Wien),
   Australien (Canberra),
   Rumänien (Bukarest).
   Lösung: Zoar
3. Manoah
4. un + Frucht + Bar
   = unfruchtbar
5. Gottgeweihter
6. 'Kleine Sonne'
   und 'Sonnenmann'
7. Rad + Trichter
   + Tasse + Auto
   Lösung: Richter
8. Philistermädchen
9. bruellender Loewe
10. 176 + 66 + 12 + 6 + 30
    + 10 = 300
    Füchse
11. neu, Sonne + Trikot + Kerzen
    Lösung: neuen Stricken
12. 1. ES (Esslingen), 2. EL (Emsland), 3. S (Stuttgart), 4. K (Köln)
    5. IN (Ingolstadt), 6. N (Nürnberg), 7. BA (Bamberg)
    8. KE (Kempten).
    Lösung: Eselskinnbacken
13. Delila
14. CH (Schweiz), GR (Griechenland), E (Spanien), T (Thailand),
    RIM (Mauretanien).
    Lösung: Richter

Name: SIMSON

Seite 83–84
Fragezeichen
Johannes 6, 37 b
Wer zu mir kommt, den werde ich nicht hinausstoßen.

Seite 85–86
Welcher Ausspruch gehört zu welcher Person
Teil 1
1 – C / 2 – A / 3 – E / 4 – B / 5 – 1 / 6 – L / 7 – D / 8 – F / 9 – G
10 – H / 11 – K
Teil 2:
1 – f / 2 – i / 3 – a / 4 – m / 5 – g / 6 – h / 7 – b / 8 – 1 / 9 – c
10 – d / 11 – k / 12 – e

Seite 87–88
Wie heiße ich?

1. Kämmerer	2. Johannes	3. Salomo
4. Nehemia	5. Elisabeth	6. Lukas
7. Vasthi	8. Jonathan	9. Elia
10. Aaron	11. Hanna	12. Lot
13. Zedekia	14. Kornelius	

Seite 89
Männer der Bibel
Lösungswort: Jugendbund
(Jesaja / Uria / Gideon / Elia / Noah / Daniel / Baruch / Usia / Nehemia / David)

Seite 89–90
Frauen der Bibel
I. Lösungswort: Paradies
(Peninna / Appia / Rahel / Atara / Damaris / Isebel / Elisabeth
Sarai)

II. Lösungswort:
Name der Frau: Jochebed (Jerigoth / Oholibama / Chloe / Hanna / Esther / Bilha / Elisabeth / Debora)
Name des Mannes: Amram
Namen der Kinder: Mirjam, Aaron, Mose.

Seite 91
Beruferaten

1. Theologieprofessor	2. Entwicklungshelfer
3. Wanderprediger	4. Missionsdirektor
5. Jugendevangelist	6. Religionslehrerin
7. Gemeindediakon	8. Krankenpfleger

Seite 92
Bibelquiz in Zahlen
Lösung Nr. 1: 6 (50 : 5 x 3 + 12 : 7)
Lösung Nr. 2: 174 (50 x 12 : 1 : 2 – 66 + 318 : 3 – 10)
Lösung Nr. 3: 85 (16 + 7 x 2 + 150 + 4 – 30 : 2)
Lösung Nr. 4: 3 (2 × 10 + 70 – 40 × 3 : 5 + 66 – 3 : 31)

Fred Barber
Wer weiß mehr
80 Seiten, Bestell-Nr. 57156

Viele Rätselfreunde werden gern nach einem Buch greifen, dessen Rätsel und Quizfragen sich ausschließlich mit der Bibel befassen. Da leichte und schwieriger zu beantwortende Fragen bunt gemischt sind, kommen sowohl Anfänger als auch Anspruchsvolle auf ihre Kosten. Der erste Teil des Buches enthält Fragen, die gleich beantwortet werden können, der zweite Teil solche, die eher mit Papier und Stift ausgearbeitet werden müssen. Antworten und gegebenenfalls Erklärungen dazu finden sich im dritten Teil.

May C. Schmidt
Fröhliches biblisches Beruferaten
64 Seiten, Bestell-Nr. 57175

Hätten Sie gedacht, daß die Bibel von 57 Berufs- und Interessengruppen jeweils Stoff für ein interessantes Quiz bietet? Dieses Buch bringt sie, z.B. Abstammungs-, Arbeitsamt-, Fußpfleger-, Zahnarzt- und ein Zoologenquiz. Quiz bietet die Möglichkeit, unser Wissen zu testen, im »sportlichen Wettkampf« zu messen und damit unseren Horizont zu erweitern. Man lernt spielend und kann sich auf diese Art wertvolle Bibelkenntnisse aneignen.

Gerda Zottmaier
Tannenbaum und Lichterglanz
155 Quizfragen zu Weihnachten und Advent
64 Seiten, Bestell-Nr. 56 665

Wer die Weihnachtsfeier in Gemeindekreisen oder zu Hause mit einigen Quizfragen bereichern möchte, findet in diesem Buch gute Anregungen dazu. Die Fragen befassen sich mit der biblischen Geschichte selbst, mit Weihnachtsliedern und ihren Dichtern, mit den vielfältigen Bräuchen und ihrer Entstehung u. a. mehr.

Rainer Zeleweske
Tatort Palästina
140 Seiten, Bestell-Nr. 55 523

Dieses Buch möchte Ihnen helfen, allein oder zusammen mit anderen intensiv an der Bibel zu arbeiten. Darum will dieses Werk wirklich bearbeitet werden. Es ist nicht Lektüre, die man überfliegt und dann wieder zur Seite legt. Das zusammengetragene Material will Schritt für Schritt gelesen, beantwortet, besprochen und dann auch in die Praxis umgesetzt werden. Ausgangs- und Zielpunkt sind Bibeltexte. Wir wissen, daß die Bibel allein das Buch ist, das uns Aufschluß gibt über die vielen Fragen, die uns bewegen.

Bitte fragen Sie in Ihrer Buchhandlung nach diesen Büchern!